汽车商务礼仪

主　编　王丽霞
副主编　曲雪苓　李吉海　于天宝　刘　宁
参　编　毕　然　王酉方　陈　霞　候　海
　　　　杨　娜　高大伟　郑百卉

机械工业出版社

本书为汽车类专业"互联网+"新形态教材，是按照课程的教学基本要求和职业院校汽车系列课程改革指南的精神，结合国内职业院校课程的改革实践，根据新形势下汽车专业人才的培养目标和要求，加强基础、突出能力、注重素质、强调自身特色编写而成的。

本书将日常礼仪要求与特定汽车销售商务活动礼仪要求两方面内容整合在一起，突出专业基础知识的实用性、综合性和先进性，注重实践性，注重学生操作能力、创新创业能力的培养，注重学生职业素养的养成。

本书主要内容包括汽车商务礼仪概论、汽车商务仪容礼仪、汽车商务仪表礼仪、汽车商务仪态礼仪、汽车商务求职面试礼仪和汽车商务沟通礼仪。

本书旨在遵循职业教育教学规律，强调综合职业能力培养，推动理实一体化教学，体现课程综合育人目标。全书采用项目化教学模式编写，讲练结合，使理论与实践更有机地结合在一起，从而激发学生学习兴趣，产生好的学习效果。

本书配有大量视频、演示演练图片，还配有电子课件、电子教案及课后习题答案，既可以作为职业院校学生商务礼仪教学用书，也可以作为机关、企事业单位及汽车销售行业员工培训用书。

图书在版编目（CIP）数据

汽车商务礼仪 / 王丽霞主编. -- 北京：机械工业出版社，2025.2. -- ISBN 978-7-111-77537-9

I. F766

中国国家版本馆CIP数据核字第2025A3Q234号

机械工业出版社（北京市百万庄大街22号　邮政编码100037）
策划编辑：谷慧思　　　　　　　责任编辑：谷慧思
责任校对：樊钟英　张昕妍　　　封面设计：张　静
责任印制：常天培
北京联兴盛业印刷股份有限公司印刷
2025年7月第1版第1次印刷
184mm×260mm・8.5印张・207千字
标准书号：ISBN 978-7-111-77537-9
定价：45.00元

电话服务　　　　　　　　　　网络服务
客服电话：010-88361066　　　机　工　官　网：www.cmpbook.com
　　　　　010-88379833　　　机　工　官　博：weibo.com/cmp1952
　　　　　010-68326294　　　金　书　网：www.golden-book.com
封底无防伪标均为盗版　　　　机工教育服务网：www.cmpedu.com

前　言

本书针对汽车市场新形势下对汽车销售人才的高质量需求现状，结合职业院校及从业人员的特点和要求，强调教育引导、素质养成及行为训练，并借鉴国内外先进的职业教育理念、模式和方法，采用基于岗位工作内容所需的学习领域和学习单元任务编写体例，以提升职业岗位能力素养为目的，结合中高端汽车品牌各销售企业员工岗位实践工作质量要求编写而成的。

本书是理实一体化创新教材，体现了"互联网+"新时代特征，包括 6 个学习领域、15 个教学单元，每个单元配有学习情景、学习目标、知识准备、技能训练等内容。

本书是由多年从事企业培训的专家、高职院校教学工作的一线骨干教师和学科带头人通过企业调研，对汽车服务人员岗位能力分析，研究总结汽车技术服务与营销专业人才培养方案，并在企业、行业专家参与指导下编写而成的。

本书坚持"以服务为宗旨，以就业为导向"的办学思想，突出职业教育的特色，主要特点如下：

1. 在编写理念上，根据职业院校学生的培养目标及认知特点，采用了理论认知—实践锻炼—岗位对接的认知规律，突出"做中学，学中做"的创新教育理念；以立德树人为根本任务，科学融入职业素养内容。提炼课程的思想政治教育和劳动教育内容，科学地融入精益求精的工匠精神、爱岗敬业的劳模精神、服务他人的责任意识、锐意创新的价值追求、坚韧不拔的意志品质、无私奉献的职业情怀等。

2. 在编写内容的安排上，设置了 6 个学习领域，每个学习领域下设若干单元，内容循序渐进、图文并茂、直观形象，好教好学，并配有大量的视频等多媒体资源，以二维码的形式嵌入理论知识部分，利于学生边学边练、边练边理解体会。

3. 在教学方法上，坚持理论与实践、知识学习与技能训练一体化，植入素质教育内容，贯彻"做中学，学中做"的职教理念，强调实践与理论的有机统一，技能上力求满足企业用工需要，理论上做到适度、够用。

本书由长春职业技术学院王丽霞任主编，编写学习领域一至学习领域三以及学习领域四中的单元一和单元二，并负责视频素材及全书的统稿；长春职业技术学院曲雪苓、李吉海、于天宝、刘宁为副主编，编写学习领域四中的单元三和单元四、学习领域五中的单元一；长春职业技术学院毕然、王酉方、陈霞、候海、杨娜、高大伟、郑百卉为参编，主要编写学习领域五中的单元二和学习领域六，并承担全书的图片选择、编辑处理和视频的编辑工作。

本书在编写过程中，参考了大量国内外相关著作和文献资料，也得到了同行的大力支持，在此表示感谢。

由于编者水平有限，难免有错漏之处，敬请读者批评指正。

编　者

二维码清单

名称	图形	名称	图形
01 拨打电话的礼仪		08 男士前伸式坐姿礼仪	
02 接电话的礼仪		09 女士标准式坐姿礼仪	
03 介绍礼仪		10 女士侧点式坐姿礼仪	
04 鞠躬礼仪		11 女士前交叉式坐姿礼仪	
05 名片礼仪		12 男士交叉后点式坐姿礼仪	
06 入座离坐礼仪（男女通用）		13 男士曲直式坐姿礼仪	
07 男士标准式坐姿礼仪		14 女士曲直式坐姿礼仪	

（续）

名称	图形	名称	图形
15 女士侧挂式坐姿礼仪		24 握手礼仪	
16 女士重叠式坐姿礼仪		25 服务顾问接待客户前 7S 礼仪操作	
17 走姿礼仪		26 服务顾问接待客户前准备礼仪操作	
18 男士蹲姿礼仪		27 服务顾问接待客户礼仪操作	
19 女士蹲姿礼仪		28 服务顾问邀请客户环车检查礼仪操作	
20 男士引领礼仪		29 服务顾问精品增项礼仪操作	
21 女士引领礼仪		30 服务顾问维修接待台制作委托书礼仪操作	
22 男士站姿礼仪		31 服务顾问维修增项礼仪操作	
23 女士站姿礼仪		32 服务顾问自检及交车礼仪操作	

二维码清单 VII

（续）

名称	图形	名称	图形
33 服务顾问交车结账礼仪操作		40 销售顾问新车展示-侧方礼仪	
34 服务顾问电话回访礼仪操作要领		41 销售顾问新车展示-后方（尾部）礼仪	
35 销售顾问电话邀约礼仪		42 销售顾问新车展示-后排及驾舱礼仪	
36 销售顾问展厅接待礼仪		43 销售顾问新车展示-发动机舱礼仪	
37 销售顾问需求分析礼仪		44 销售顾问洽谈成交礼仪	
38 销售顾问新车展示-左前45度礼仪		45 销售顾问送客户离店礼仪	
39 销售顾问新车展示-正前方礼仪			

目 录

前言

二维码清单

学习领域一　汽车商务礼仪概论 1
　　单元一　商务礼仪概述 1
　　单元二　汽车商务礼仪理念 6

学习领域二　汽车商务仪容礼仪 14
　　单元一　汽车商务发式礼仪 14
　　单元二　汽车商务面容修饰礼仪 19

学习领域三　汽车商务仪表礼仪 32
　　单元一　汽车商务着装礼仪 32
　　单元二　汽车商务着装中饰品搭配礼仪 38

学习领域四　汽车商务仪态礼仪 49
　　单元一　汽车商务仪态动作礼仪 49
　　单元二　汽车商务仪态姿态礼仪 54
　　单元三　汽车商务仪态迎客礼仪 66
　　单元四　汽车商务仪态座次礼仪 73

学习领域五　汽车商务求职面试礼仪 80
　　单元一　汽车商务求职面试前准备 80
　　单元二　汽车商务求职面试礼仪 89

学习领域六　汽车商务沟通礼仪 98
　　单元一　汽车商务沟通礼仪概述 98
　　单元二　汽车商务服务情景服务语言沟通礼仪 104
　　单元三　汽车商务服务情景专业技术语言沟通礼仪 109

参考文献 128

学习领域一　　汽车商务礼仪概论

该学习领域主要是针对商务礼仪在国际间、企业间等的销售贸易往来中，按照谈判双方的风俗习惯（如时间管理观念、职业着装、恰当的仪容仪表等）实施礼节，这样有利于谈判或者合作的成功，双方营造和谐的谈判氛围（图1-1），并进一步强调懂礼仪、知礼仪、从礼仪的重要作用。

图1-1　和谐的谈判氛围

单元一　商务礼仪概述

中国某企业与德国某公司洽谈某种产品的出口业务。按照礼节，中方提前10分钟到达会议室。德国客人到达后，中方人员全体起立，鼓掌欢迎。德方谈判人员男士都是西装革履，女士都身穿职业装；反观中方人员，只有经理和翻译身穿西装，其他人员有穿夹克衫的、有穿牛仔服的，更有甚者穿着工作服。现场德方人员显示出一丝的不快。更令人不解的是，预定一上午的谈判日程，在半个小时内就草草结束，德方人员匆匆离去。如果你是懂得商务礼仪的中方人员，你会如何做？

目标名称	目标内容
理论知识	商务礼仪概述
	商务礼仪的重要性
技术能力	能够描述商务礼仪内涵
	能够意识到商务礼仪在谈判中的重要作用
职业素养	培养学生自我认知意识和态度
	提升学生"大国之邦、礼仪之国"的认知高度

一、商务礼仪概述

1. 商务礼仪的概念和起源

古代战争时,骑士们友好相处,就会脱去右手的甲胄互相握手(图1-2),表示没有武器。后来延续成今天的握手礼仪。

图1-2 古代骑士友好握手礼仪

在一般人的表述中,与"礼"相关的词最常见的有三个,即礼貌、礼节和礼仪。在大多数情况下,人们容易将其混为一谈。其实三者是存在差别的,但也有联系。

1)礼貌。一般是指在人际交往中,通过言语动作向交往对象表示谦虚、恭敬和文明。它侧重表现人的品质与素养。

2)礼节。通常是指人们在交际场合相互表示尊重、问候、欢迎、哀悼、祝福等的惯用形式,它实际上是礼貌的具体表现方式,没有礼节,也就没有所谓的礼貌。

3)礼仪。即礼节、仪式的统称,它是指在人际交往中自始至终地以一定的约定俗成的程序方式来表现的律己、敬人的完整行为。

礼貌是礼仪的基础,礼节则是礼仪的基本组成部分。礼仪在层次上高于礼貌和礼节。礼仪实际上是由一系列具体表现礼貌的礼节所构成的,它不像礼节,只是一种做法,礼仪是一个表示礼貌的系统完善的过程。从本质上讲,三者所表现的都是对人的尊敬、友善。

商务礼仪就是商务人员在其商务交往中所应恪守的行为规范,待人接物的标准化、规范化做法，包括仪表礼仪、言谈举止等。

2. 商务礼仪的内容和归属

（1）商务礼仪的内容　现代礼仪是由礼仪的主体、礼仪的客体、礼仪的媒体和礼仪的环境四个基本要素构成的。

1）礼仪的主体。是指礼仪活动的操作者和实施者。

2）礼仪的客体。又叫作礼仪的对象，指的是礼仪活动的具体指向者和承受者。

3）礼仪的媒体。是指礼仪活动所依托的一定的媒介。商务礼仪的媒体具体是指人体礼仪媒体、物体礼仪媒体和事件礼仪媒体等。在具体操作礼仪时，这些不同的礼仪媒体往往是穿插配合使用的。

4）礼仪的环境。是指礼仪活动得以进行的特定的时空条件，包括自然环境和社会环境。

（2）商务礼仪的归属　上述四个基本要素所构成的商务礼仪，也被归纳为以下两个方面具体内容：

1）律己之规。主要包括对商务人员自身的言谈话语、举止行为、仪容仪表、穿着打扮等方面的规范。也称为形象设计，主要要求商务人员严于律己，维护自尊，并且时时守规矩、处处讲规矩、事事有规矩。

2）敬人之道。主要包括商务人员进行交际与应酬的基本技巧。具体涉及商务人员所从事的商务交往的各个方面。

综上所述，商务礼仪是一门人文应用科学，体现了应用性学科、实践性学科、普及性学科和综合性学科的特点。

3. 商务礼仪的特征

商务礼仪具有以下五个方面的特征：

（1）规范性　礼仪指的就是人们在各种交际场合，待人接物时必须遵守的行为规范。这种规范性不仅约束着人们在一切交际场合的言谈话语、行为举止，使之合乎礼仪，而且还是人们在一切交际场合必须采用的一种通用语言，是衡量他人判断自己是否自律、敬人的一种尺度。

（2）限定性　礼仪适用于普通情况之下一般人的交际和应酬。在这个特定范围之内，礼仪行之有效。

（3）可操作性　切实有效、实用可行、规则简明、易学易会、便于操作是礼仪的特征。

（4）传承性　任何国家的礼仪都具有自己鲜明的民族特色，任何国家的当代礼仪都是在古代礼仪的基础上继承和发展起来的。

（5）变迁性　从本质上讲，礼仪是社会历史发展的产物，它具有鲜明的时代特点。一方面，礼仪是在人类长期的交际活动实践中形成、发展、完善起来的。另一方面，社会的发展，历史的进步，由此而引起的众多社交活动的新特点、新问题的出现，又要求礼仪有所变化，有所进步，推陈出新，与时代同步。

二、商务礼仪基本知识和功能

1. 商务礼仪的基本知识

（1）尊重为本　"尊重"二字是礼仪之本，也是待人接物的根基。在商务交往中，人人都希望得到相互的关心和照顾，人际关系的处理是一件复杂的工作，所以很重要的一点就是以尊重为本，这是商务领域中最基本的理念，与马斯洛需求层次理论（图1-3）不谋而合。尊重包括两个层面，一是尊重自己，二是尊重交往对象。

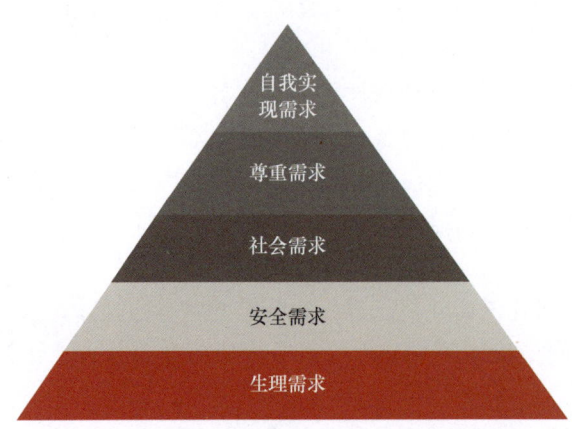

图1-3 马斯洛需求层次理论

1）尊重自己。在商务交往中，商务人员考虑到自身的素养和企业形象，于是在交往中特别注重自尊和自爱，而自尊主要体现在商务人员的穿着打扮、待人接物、一举一动等方面。

2）尊重交往对象。尊重交往对象，需要对交往对象进行准确定位，包括其职业、身份、地位、受教育程度等。

尊重需求得到满足，能使人对自己充满信心，对社会满腔热情，体验到自己活着的价值，从而促进自我发展。

(2) 讲规矩 讲规矩是员工素质的体现，是企业管理是否完善的标志，比如企业员工在办公时间不能大声说话，打电话不能旁若无人等。

2. 商务礼仪的功能

商务礼仪之所以受到社会各界的普遍重视，主要是因为它具有多重重要功能：

(1) 商务礼仪有助于提高自身修养 在商务交往中，商务礼仪不仅反映人们待人处事的应变能力，还反映一个人的气质、风度、阅历、见识和道德情操。合理运用礼仪，可以不断提高个人修养，从而真正提高个人的文明程度。

(2) 商务礼仪有利于外塑形象 一个人的形象由仪容、表情、举止、服饰、教养等共同构成，学习礼仪，可以更好更规范地设计个人形象。而当大家都十分注重个人形象，彼此以礼相待时，人际关系就会十分和谐。

(3) 商务礼仪有利于改善人际关系 讲究礼仪不仅可以使个体在人际交往中充满自信、胸有成竹、处变不惊，还能够帮助人们规范彼此的交际活动，表达自己的尊重、友好之意，进而造就和谐完美的人际关系。

(4) 商务礼仪可促进社会精神文明建设 一个国家的商务礼仪水准如何，反映着个人、单位、国家的文明水平、整体素质与整体教养。古人曾经指出"礼义廉耻，国之四维"，将礼仪列为立国的精神要素之本；荀子曾说过"人无礼则不立，事无礼则不成，国无礼则不宁"。所以，遵守商务礼仪，有助于促进精神文明建设。

提升商务礼仪重要性意识的实训

1. 准备工作（表 1-1）

表 1-1　提升商务礼仪重要性意识实训准备工作

场地准备	工具准备	课堂布置	教师、学生要求
智能化教室 1 间	U 盘一个/组 白板纸 白板笔 多媒体教学触控一体机	4~5 人/组，共计 4 组	着职业装

2. 分组活动

分组讨论商务礼仪对个人、企业及国家的重要性及大学生学习商务礼仪的必要性，见表 1-2。

表 1-2　商务礼仪对个人、企业及国家的重要性及大学生学习商务礼仪的必要性

完成项目	完成项目具体内容
商务礼仪对个人、企业及国家的重要性	
大学生学习商务礼仪的必要性	

3. 小组内交流讨论

每个小组针对商务礼仪的重要性及大学生学习商务礼仪的必要性两个题目，进行组内交流讨论，讨论结果交给小组代表，小组代表将结果呈现在白板纸上，形成海报，最后小组代表进行汇报。

4. 展示评比

四个小组的代表进行海报汇报，展示时间为 3 分钟/组。结束后，教师进行评价（表 1-3），同时小组内进行自评、小组间进行互评（表 1-4）。

5. 评价表

表 1-3　教师评价表

序号	评价内容	评价标准	完成情况	
			是	否
1	知识评价	是否能应用所学知识进行结果呈现		
2	技能评价	讨论中教师会随时巡视并指导、观察学生们的学习情况，根据各组学生的组内参与情况给出本组参与度评定		
		团队选出的代表阐述讨论结果，阐述是否清楚，海报制作是否干净整洁，海报布局及阐述内容是否具有逻辑性		

(续)

序号	评价内容	评价标准	完成情况	
			是	否
3	素养评价	考察学生对自身价值的认知是否在讨论结果中体现;团队代表发言阐述,根据阐述情况,团队内成员是否能够积极进行补充完善,充分体现团队合作精神		

表 1-4　小组内自评、小组间互评表

序号	评价标准	分值	得分
1	讨论中积极收集资料,主动性强	10	
2	能够准确描述理论知识在实训任务中的具体应用	10	
3	能够图文并茂呈现结果	30	
4	能够体现小组内责任意识	30	
5	主动表述并且逻辑性强、流畅自然	20	
	合计得分		

单元二　汽车商务礼仪理念

张先生是汽车技术服务与营销专业毕业生,就职于某品牌销售部,工作积极努力,业绩突出,三年后升任销售部经理。一次,接待 VIP 客户,与客户进行价格谈判,张先生为此做了细致的准备工作,经过谈判,双方终于达成协议。可就在正式签约的时候,客户反悔了,并且毅然决然地离开了,是什么原因呢?张先生喜欢养宠物,带来一只宠物狗,在谈判的时候委托销售人员看护,可正要签约时候,发现宠物狗在展厅遛来遛去,根本无人看管。请你分析张先生此时的心情对销售成功带来的影响,并写出整改计划。

目标名称	目标内容
理论知识	汽车商务礼仪文化理念
	汽车商务礼仪品牌定位理念
	汽车商务礼仪心态理念
技术能力	能够掌握汽车商务礼仪理念
	能够熟练应用商务礼仪"三化"要点
职业素养	培养学生创新服务意识
	提升学生商务礼仪素养从而培养其汽车销售职业素养

一、汽车商务礼仪文化理念

1. 需求理念

马斯洛认为,自我实现是人们追求的最高目标。所谓自我实现,就是人的潜能(如友爱、合作、求知、审美、创造等)的充分发挥;而人的最高需求目标不是"自我实现",而是"地位获得承认"及"在团队中获得承认""和谐"及"社会归属感",这与中国的传统文化密不可分。不同国家间传统文化存在差异,不同的人种、民族、社会成员都有特定的生活方式、思维方式、行为方式和交往方式等,商务活动中应认真了解各种文化下人们不同的思维方式和行为习惯,从而顺利开展商务活动并促进合作成功。

2. "峰终定律"理念

2002 年诺贝尔经济学奖获奖者,心理学家丹尼尔·卡纳曼(Daniel Kahneman)经过深入研究发现,人们对体验的记忆由"高峰(无论是正向的还是负向的)时与结束时的感觉"两个因素决定,这就是"峰终定律"(Peak-End Rule)。"峰终定律"在服务中被广泛应用(图 1-4)。

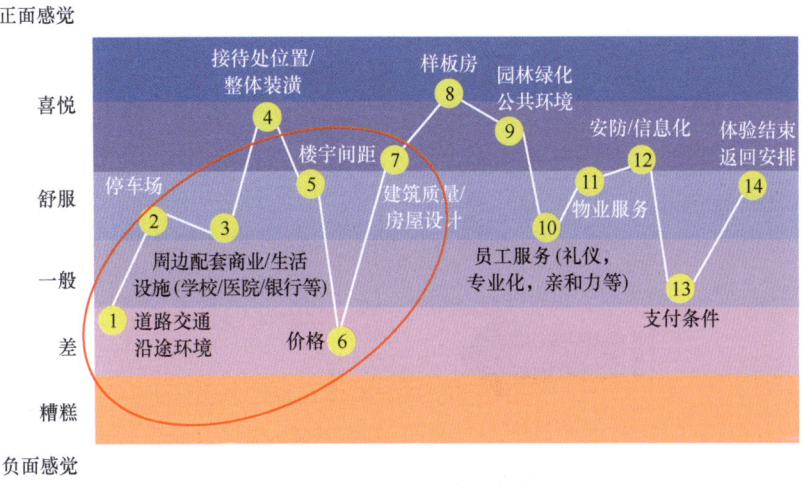

图 1-4 "峰终定律"在服务营销中的应用

峰终定律的"峰"与"终"被称之为"关键时刻 MOT",MOT(Moment of Truth)是服务界最具震撼力与影响力的管理概念与行为模式(图 1-5)。以星巴克为例(图 1-6),星巴克的峰是"友善而且专业的店员""咖啡味道正宗",终是"店员的注视和真诚的微笑"。所以尽管整个服务过程中有"排长队""价格昂贵""长时间等待咖啡制作""不容易找到理想座位"等诸多不如意体验,但是客户下次仍会欣然前往,这就是峰终定律在商业中的应用。

3. 首因效应理念

首因效应(也称为第一印象作用,或先入为主效应)是指个体在社会认知过程中,通过"第一印象"最先输入的信息对客体以后的认知产生的影响作用。汽车商务活动中强调与客户初次接触环节给客户留下良好印象极为重要,就是首因效应的作用。

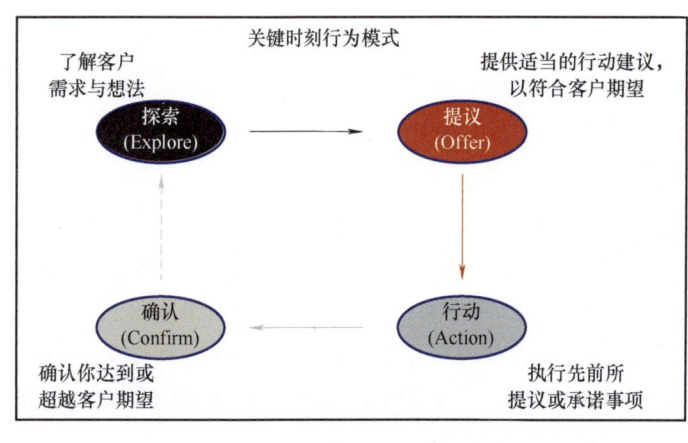

图1-5 关键时刻行为模式

图1-6 星巴克品牌

4. 心态理念

心态是指一个人的心理状态，包括积极心态、尊重心态、自律心态和包容心态等。人的行为受心理状态影响很大，在不同的心理状态下，人的行为表现会有很大的区别。商务礼仪是商务人员行为层面的表现，其表现的优、良或差，反映的正是商务人员心理状态的优、良或差。心态是礼仪行为的基础，商务人员在学习商务礼仪时，首先应当具备良好的心态。

二、汽车商务礼仪品牌定位理念

汽车市场发生巨大变化，目标客户群体随之改变，女性客户、年轻客户数量不断增加，竞品之间相互争夺客户。面对碎片化市场，汽车企业要创新服务，各汽车品牌在品牌形象塑造和客户体验方面加大创新力度，提升客户满意度，其途径之一就是加大品牌商务礼仪实施力度，为客户提供共性需求服务（图1-7）和个性化需求服务（图1-8）。

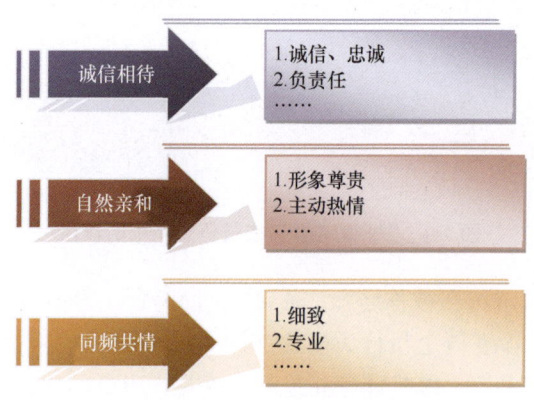

图1-7 共性需求服务

三、汽车商务礼仪"三化"理念

针对不同客户群体、汽车各品牌价值和以"MOT"关键时刻为核心的顾客体验（以一汽大众奥迪品牌为例），总结出体现客户六个需求点的"三化"理念（图1-9）：个性化、品牌化、情感化。通过客户需求逻辑层面，可将“三化”理念转化为礼仪的“三化”价值，并进行“六度传情”（图 1-10），最终实现从物质—环境层面到精神—品牌价值的“六度”转化。

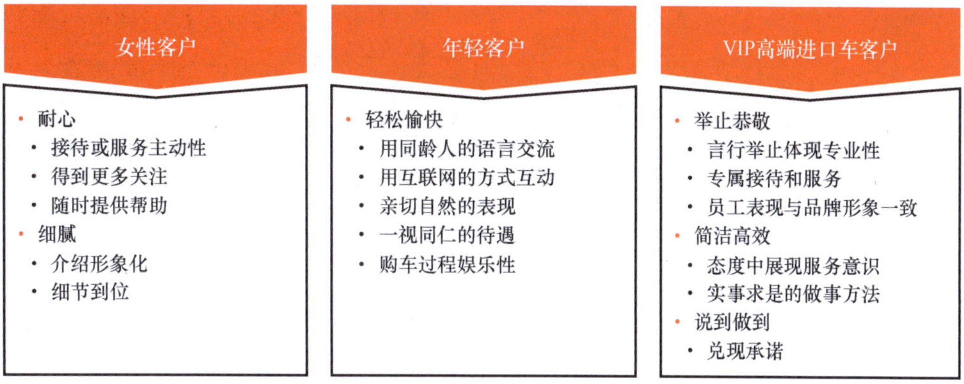

女性客户
• 耐心
• 接待或服务主动性
• 得到更多关注
• 随时提供帮助
• 细腻
• 介绍形象化
• 细节到位
年轻客户
• 轻松愉快
• 用同龄人的语言交流
• 用互联网的方式互动
• 亲切自然的表现
• 一视同仁的待遇
• 购车过程娱乐性
VIP高端进口车客户
• 举止恭敬
• 言行举止体现专业性
• 专属接待和服务
• 员工表现与品牌形象一致
• 简洁高效
• 态度中展现服务意识
• 实事求是的做事方法
• 说到做到
• 兑现承诺

图 1-8　个性化需求服务

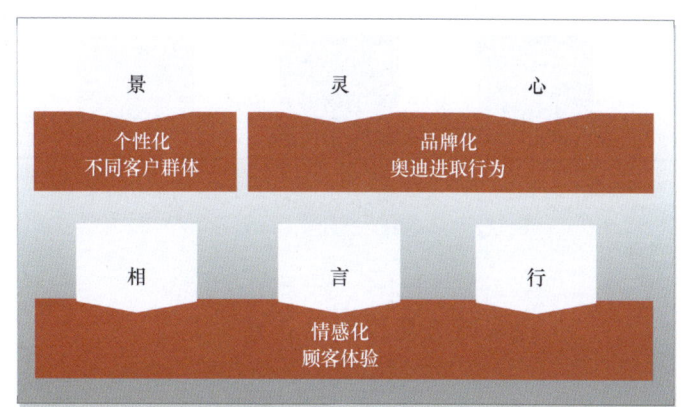

景
灵
心
个性化
不同客户群体
品牌化
奥迪进取行为
相
言
行
情感化
顾客体验

图 1-9　“三化”理念

逻辑层次
“六度传情”
精神
我与世界的关系
灵-奥迪的品牌价值
身份
我是谁
信念、价值
为什么
心-内在的心理响应
能力
如何做
行为
做什么
相-外在形象与气质
言-沟通的语言艺术
行-贴心的行为表现
环境
时、地、其他人、事、物
景-客户的期望差异

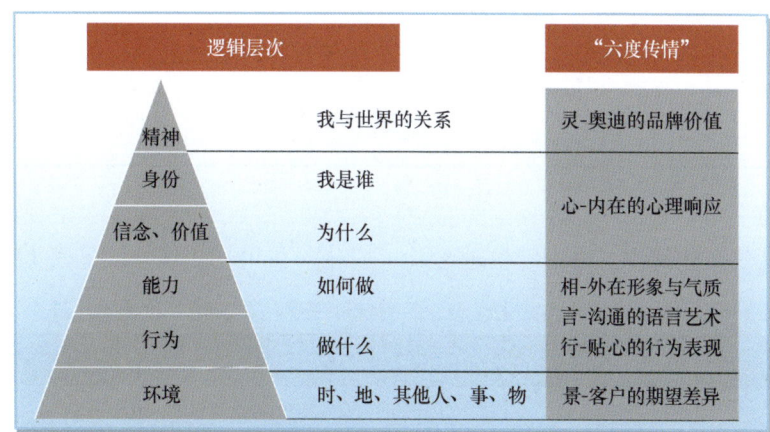

图 1-10　汽车商务礼仪的“三化”价值“六度”转化

以奥迪品牌汽车销售中自我介绍为例，应用图表（表 1-5）来感受汽车商务礼仪“三化”

价值理念的具体表现。

表1-5 "自我介绍"感受汽车商务礼仪的"三化"价值理念

商务行为	个性化（景）			品牌化（灵）	情感化（心、相、言、行）			
					心态	形象	语言	行为
	客户类别	接触客户事件任务	客户情感诉求	反映奥迪价值（自我认知特征）	响应客户期望的心理状态	外在形象内在气质	语言表达口头表达	行为特征
自我介绍……	所有客户	展厅接待首次来店客户……	诚信相待自然亲和同频共情	1）充满激情：我通过职业形象和专业知识来打动客户 2）勇敢：我始终寻求能够超越客户期望的解决方案 3）有责任感：我有责任营造符合奥迪品牌的环境，使客户在其中感到舒适 4）人文/平等：我始终保持积极恭敬的举止，即使在困难的情况下也不放弃 5）追求成功：我通过自己的表现，赢得客户的信任，而且永远保持这种信任	心态调整情绪管理同理心	眼神表情妆容着装	聆听文字语音语调语速	点头出迎让座递物站走坐蹲
	女性客户		耐心细腻					
	VIP客户		举止恭敬简洁高效说到做到					
	年轻客户		轻松愉快					

 技能训练

汽车商务礼仪理念养成的实训

1. 准备工作（表1-6）

表1-6 汽车商务礼仪理念养成的实训准备工作

场地准备	工具准备	课堂布置	教师、学生要求
智能化教室1间	U盘一个/组	4~5人/组，共计4组	着职业装
	白板纸		
	白板笔		
	多媒体教学触控一体机		

2. 分组活动

汽车商务礼仪文化理念、品牌定位理念及"三化"价值转化理念，见表1-7。

表1-7 汽车商务礼仪文化理念、品牌定位理念及"三化"价值转化理念

完成项目	完成项目具体内容
汽车商务礼仪文化理念	
汽车品牌定位理念	

学习领域一　汽车商务礼仪概论

（续）

完成项目	完成项目具体内容
"三化"价值转化理念	

3. 小组内交流讨论

以"奥迪品牌"汽车销售中"自我介绍"为依托，讨论如何应用汽车商务礼仪"三化"理念，从消费者个人需求逻辑层面进行"六度传情"转化。讨论结果交给小组代表，小组代表将结果呈现在白板纸上，形成海报，最后小组代表进行汇报。

4. 展示评比

四个小组的代表进行海报汇报，展示时间为 3 分钟/组。结束后，教师进行评价（表 1-8），同时小组内自评、小组间进行互评（表 1-9）。

5. 评价表

表 1-8　教师评价表

序号	评价内容	评价标准	完成情况	
			是	否
1	知识评价	讨论分析教师布置的任务，是否结合理论知识，能够实现活学活用，实现知识迁移		
2	技能评价	小组讨论能否深层次理解并应用知识点，来阐述实际岗位工作中内化理念的作用		
		是否能够应用所学知识，有理有据阐述岗位工作内涵建设，体现专业形象所用之处		
		根据各组学生的组内参与情况给出本组参与度评定		
		团队选出的代表阐述讨论结果，逻辑性是否得到充分体现，海报制作是否新颖、结构是否合理，并能体现个性化		
3	素养评价	根据阐述内容判断学生能否学习知识后，内化至精神层面，并语言表达流畅；团队讨论过程中，能否充分体现团队合作精神		

表 1-9　小组内自评、小组间互评表

序号	评价标准	分值	得分
1	能够运用汽车商务礼仪的需求理念	20	
2	能够运用汽车商务礼仪中的品牌定位理念	30	
3	讨论中主动积极应用所学知识，进行案例任务解读	30	
4	给出的结果，紧紧围绕该学习单元理论知识，并能够进行实践操作，模拟演练	20	
	合计得分		

知识小结

1. 商务礼仪的概念和起源
2. 商务礼仪的内容和归属
3. 商务礼仪的基本知识
4. 商务礼仪的功能
5. 汽车商务礼仪文化理念
6. 汽车商务礼仪品牌定位理念——需求理念
7. 汽车商务礼仪品牌定位理念——"峰终定律"理念
8. 汽车商务礼仪品牌定位理念——首因效应理念
9. 汽车商务礼仪品牌定位理念——心态理念
10. 汽车商务礼仪"三化"理念

知识巩固

一、填空题

1. 与"礼"相关的三个词是_____、_____、_____。
2. 商务礼仪就是_____。
3. 商务礼仪的四个基本要素是_____、_____、_____、_____。
4. 商务礼仪的特点为_____、_____、_____、_____。
5. 汽车商务礼仪文化理念主要包括_____、_____和_____。
6. 汽车商务礼仪品牌定位理念包括_____、_____、_____、_____。
7. 汽车商务礼仪品牌定位理念——"峰终定律"理念是指_____。
8. 汽车商务礼仪品牌定位理念——首因效应理念是指_____。
9. 汽车商务礼仪的"三化"理念主要包括_____、_____、_____。
10. 加大品牌商务礼仪实施力度,为客户提供服务主要体现_____、_____两方面,提升品牌竞争力。

二、选择题

1. 商务礼仪中与"礼"相关的最常见词是(   )。
   A. 礼貌   B. 礼仪   C. 礼节   D. 礼宾
2. 商务礼仪的内容主要包括(   )。
   A. 礼仪的主体   B. 礼仪的客体   C. 礼仪的媒体   D. 礼仪的环境
3. 下列属于商务礼仪特征的有(   )。
   A. 规范性   B. 限定性   C. 可操作性   D. 传承性

4. 下列不属于商务礼仪中与"礼"相关的词是（　　）。
A. 礼貌　　　　　　B. 礼仪　　　　　　C. 礼节　　　　　　D. 礼宾
5. 商务礼仪的基本功能包括（　　）。
A. 有助于提高自身修养
B. 有利于外塑形象
C. 有利于改善人际关系
D. 有利于净化社会风气，促进社会精神文明建设
6. 下列属于汽车商务礼仪文化理念的是（　　）。
A. "峰终定律"理念　B. 需求理念　　　　C. 首因效应理念　　D. 心态理念
7. 下列不属于汽车商务礼仪文化理念的是（　　）。
A. 品牌定位理念　　B. 需求理念　　　　C. 首因效应理念　　D. 心态理念
8. 以"奥迪品牌"为例，展现"六度传情"，下列属于"六度传情"的是（　　）。
A. 品牌价值　　　　B. 心理响应　　　　C. 形象与气质　　　D. 自然长相
9. 汽车销售中的"三化理念"是指（　　）。
A. 品牌化　　　　　B. 个性化　　　　　C. 情绪化　　　　　D. 情感化
10. 汽车销售中提升汽车商务礼仪能力，目的是为客户提供优质的（　　）服务和（　　）服务，从而有利于赢得竞争。
A. 商业服务和经济服务　　　　　　　　B. 个性服务和特性服务
C. 个性服务和共性服务　　　　　　　　D. 商务服务和共性服务

三、简答题

1. 阐述商务礼仪的概念和起源。
2. 介绍商务礼仪的内容和归属。
3. 学习商务礼仪主要学习哪些方面的基本知识？
4. 商务礼仪的基本功能介绍。
5. 阐述汽车商务礼仪文化理念。
6. 举例说明汽车商务礼仪品牌定位理念在汽车销售中的应用。
7. 举例说明"峰终定律"理念和首因效应理念应用。
8. 阐述汽车商务礼仪"三化"理念对汽车销售的作用。
9. 商务礼仪的特征包括哪些方面？

学习领域二　汽车商务仪容礼仪

情境导入

该学习领域主要针对汽车销售人员在工作中如何进行发式、面容及所有未被服饰遮掩、暴露在外的肌肤的修饰，从而塑造良好个人形象，增强品牌感染力并塑造良好品牌形象（图2-1）。

图 2-1　汽车销售中仪容礼仪塑造品牌形象

单元一　汽车商务发式礼仪

学习情景

小张刚刚大学毕业，经学校推荐进入了长春市某家奥迪 4S 店做汽车销售顾问，为了给领导及同事一个良好印象，他准备精心打扮一番，烫了一个锡纸烫的头型，还染了淡黄的发色，第二天开心自信地去上班。可结果事与愿违，开心到单位，郁闷回家去，原因是领导看到他后，让他明天整理好发型再来上班。请分析，小张应该如何进行发式的打理？

学习目标

目标名称	目标内容
理论知识	仪容概述
	发型修饰的要点
	发型修饰操作要领

学习领域二　汽车商务仪容礼仪

（续）

目标名称	目标内容
技术能力	学会发型的操作要领
	能够成功打理发型
职业素养	培养学生正确的人生观和价值观
	培养学生的审美观和积极主动塑造个人良好仪容的意识

一、仪容概述

1. 仪容定义

仪容是指个人的容貌，由发式、面容以及所有未被服饰遮掩、暴露在外的肌肤构成。

2. 仪容要素

（1）**仪容自然美**　仪容自然美指仪容的先天条件好，天生丽质。尽管以相貌取人不合情理，但先天美好的仪容相貌，无疑会令人赏心悦目，感觉愉快。

（2）**仪容修饰美**　仪容修饰美指依照规范与个人条件，对仪容施行必要的修饰，扬其长，避其短，设计、塑造出美好的个人形象，在人际交往中尽量令自己显得有备而来，自尊自爱。

（3）**仪容内在美**　仪容内在美指通过努力学习，不断提高个人的文化、艺术素养和思想、道德水准，培养出自己高雅的气质与美好的心灵，使自己秀外慧中，表里如一。

真正意义上的仪容美，是上述三个方面的高度统一。在这三者之间，仪容的内在美是最高的境界，仪容的自然美是人们的心愿，而仪容的修饰美是仪容礼仪关注的重点。

仪容修饰美需要注意修饰仪容，基本规则为美观、整洁、卫生、得体。

3. 仪容重要性

（1）**个人修养角度**　个人修养主要指内在修养和素质的外在表现。

（2）**交际角度**　交际角度主要指约定俗成的示人以尊重、友好的习惯做法。

（3）**传播角度**　传播角度指人际交往中进行相互沟通的技巧。

从微观上讲，是体现个人形象的表现，是自尊自爱的表现，代表着个人的精神面貌和给人的第一印象；从宏观上讲是公司或所在企业形象的标志，公司文明服务水平和管理水平的体现；从客观上讲，反映新一代公民的精神面貌和服务修养。美好的仪容一定能让人感觉到其五官构成彼此和谐并富有表情；发质发型使其英俊潇洒、容光焕发；肌肤健美使其充满生命的活力，给人以健康自然、鲜明和谐、富有个性的深刻印象。

二、发式修饰

在商务交往中，发型有着极为重要的作用，它可以让商务人员更加精炼、干练，男士应该学会发式的打理。

1. 男士发型

(1) 男士发型的打理方法

方法一：

首先，用水湿透头发，要尽量将发根全浸湿。然后用吹风机逆吹发根至八成干，尽量将发根吹得蓬松。用梳子将头发梳通梳顺后转成大风，将梳子斜插入头发后用梳子自下而上将头发挑起，使发根站立。趁着头发的热力，用梳子从前向后插入头发，略向后梳，然后将梳子进行180°翻转，用梳背压住头发，梳齿仍带住头发，将这股头发向前推，使头发形成具有弹性的半圆形状的隆起，使之具有丰满圆润感。

然后，使用具有增加头发硬度和弹性的啫喱等美发产品，大约挤出两厘米，均匀地涂在发丝上，再用吹风机边吹边用手轻轻抓起发丝，让头发蓬起来。

最后，在发丝上再次使用增加头发蓬质感的发泥或发蜡，或用固定头发造型的产品固定。

方法二：

首先也是全湿洗发，然后用吹风机吹至八成干，之后用发泥抓造型，再用定型发胶定型。

(2) 男士发型打理要点（表2-1）

表2-1 男士发型打理要点

序号	要点	具体内容
1	洗发	男士每天都要洗发，确保头发的整洁，无头屑
2	理发	每月理发两次
3	定型	使用发泥或发蜡等物料涂抹

(3) 男士发型打理工具 一般男士发型的打理工具包括发蜡、精油、发泥、定型水、喷雾胶和梳子等。

(4) 男士发型礼仪要点 男士发型礼仪要点是前不覆额、侧不遮耳、后不触领；不彩染、不怪异、无头屑、无气味。具体来说，男士发型前面的额头要亮出来，俗话说"天庭饱满"，寓意为吉祥，最为主要的是能够提升男士气质。

侧面的头发不能遮盖耳朵，汽车商务服务人员最基本的要求就是体现出行业精英品质，干练的外表是获得客户认可的第一步，所以销售服务人员不能留长发。

后面的头发不能触及衣领，当头发触及衣领后，头发会与西装相连，遮盖住白色衬衣的衣领，从后面看没有了层次感；另外，头发长期触及衣领，衣领会很快脏污，显得较为邋遢。

2. 女士发型

女士更讲究发型，不同场合下发式不同，体现女士的气质和素养不同。在汽车商务活动中，长发卷发和盘发代表的意义不同，后者在汽车商务活动中更符合商务礼仪。

(1) 女士发型打理方法 女士发型打理方法有多种，可以通过网络进行发型视频的搜索观看，反复地练习操作，即可成功打理。

发型一：扎马尾，具体做法见表2-2。

表 2-2　扎马尾的方法

序号	具体做法
1	头发向左绕，用手把皮筋往上弄一点，以免埋在头发里找不到，皮筋最好选用黑色
2	头发从左再绕到右绕过来，绕到了皮筋的位置
3	把绕过来的头发塞到皮筋里面，等于用皮筋把它们捆住
4	捆过来的头发继续向左绕一圈，注意后面一圈的头发要在第一圈的后面绕，就是藏在第一圈的后面。注意左手食指拿住的，是绕第二圈的头发，这时基本只剩个发尾了
5	把这个发尾继续塞到这根皮筋里面，用皮筋把它捆住

发型二：盘发（图 2-2）

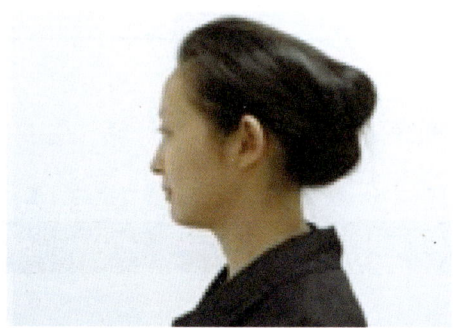

图 2-2　盘发发式

盘发的具体做法见表 2-3。

表 2-3　盘发的具体做法

序号	具体做法
1	先用发圈扎起马尾
2	在马尾上部发圈内侧，用食指抠出发缝
3	把头发塞入发缝里，用发卡固定
4	刘海梳起、定型水固定碎发

盘发可以演绎出不同年龄、不同个性、不同气质女性的万千风情。盘发源于中国，流行于韩国、俄罗斯，具体做法是，先把头发扎个马尾形状，然后可以绕着盘起来。盘发的方法有很多，其中，可以分为韩式盘发、日式盘发和俄罗斯盘发等。

(2) 女士发型礼仪要点

1) 汽车销售商务活动中，长发要束起或者盘发，看起来端庄典雅。
2) 汽车销售商务活动中，发式不能夸张，展示出精气神，头发不能遮盖面部。
3) 头发颜色自然、大众，避免彩染和怪异。
4) 汽车销售商务活动中，发式以干练、利落为佳。

男士/女士发型打理的实训

1. 准备工作（表 2-4）

表 2-4　男士/女士发型打理的实训准备工作

场地准备	工具准备	课堂布置	教师、学生要求
礼仪训练室 1 间	4 把椅子/组	4 人/组，共计 4 组	着职业装
	4 张桌子/组		
	镜子一面/组		
	化妆品一套/组		

2. 分组活动

学生进行男士、女士发型的打理，见表 2-5。

表 2-5　学生进行男士、女士发型的打理

完成项目	完成项目具体内容
男士发型打理	
女士发型打理	

3. 小组内交流讨论

同学们讨论男士/女士发型打理的方法及技巧，自选符合商务礼仪的发型，进行现场轮流打理，直至组内每位成员都打理完毕，打理过程中其他人担任观察员，记录打理的优点和不足，进行分享，最后每组选出最优的一人代表本组进行打理展示。

4. 展示评比

四个小组的代表依据打理的技巧并进行模拟演练，进行现场打理展示汇报，相互拍照，展示时间为 5 分钟/组。结束后教师进行评价（表 2-6），同时小组内自评、小组间进行互评（表 2-7）。

5. 评价表

表 2-6　教师评价表

序号	评价内容	评价标准	完成情况	
			是	否
1	知识评价	通过模拟演练盘发，来观察学生是否掌握女士盘发的方法、盘发的种类，是否掌握男士发型发式的打理方法		

学习领域二　汽车商务仪容礼仪　　19

(续)

序号	评价内容	评价标准	完成情况	
			是	否
2	技能评价	通过模拟演练，观察学生能否打理好男士发型、女士各种类型盘发		
		活动中观察学生是否掌握发式的打理技巧、正确运用操作工具完成活动任务		
		观察学生是否全组员参与到活动中，根据参与度及完成度给予相应评定		
3	素养评价	能否培养学生正确的审美情趣和审美理念、培养学生积极主动行动意识及团队合作精神		

表2-7　小组内自评、小组间互评表

序号	评价标准	分值	得分
1	能够主动为完成任务进行资料查找，并能够高质量完成实操任务，符合完成任务的标准	30	
2	能够根据所学知识，理解并掌握男士发式打理的要点，女士盘发、扎发技巧	20	
3	能够根据查询资料成功模仿符合商务活动的理想发式，并能够在岗位工作中呈现	30	
4	能够熟练打理任务中提及的所有发型，并能够主动学习其他发型打理技巧，成功进行发式打理	20	
	合计得分		

单元二　汽车商务面容修饰礼仪

小张刚刚大学毕业，经学校推荐进入了长春市某家奥迪4S店做汽车销售顾问，为了给领导及同事一个良好印象，她准备精心打扮一番，于是她早早起来进行化妆，脸上擦了厚厚的粉底液，涂了艳丽的口红、睫毛上卷外翻，睫毛膏涂厚厚的，还抹了妖娆的眼影。到单位去领导处报到，领导说你回去进行妆容整理再来报到。小张垂头丧气地回家了。请分析小张应该如何进行面容的打理？

目标名称	目标内容
理论知识	面容修饰原则
	男士面容修饰事项、要点及操作要领
	女士面容修饰事项、要点及操作要领

（续）

目标名称	目标内容
技术能力	能熟练应用面容修饰操作要领
	能够依据操作要领，成功进行面容打理
职业素养	培养学生正确的审美理念和分辨是非能力
	培养学生按规矩办事的态度和自律意识

一、面容修饰原则

面容修饰离不开化妆，无论男士、女士，化妆都是自尊自爱的表现，也是对别人的一种尊重。面容修饰中化妆要遵循一定的原则：

1. 淡雅

一般来说化妆分多种，如晨妆、晚妆、上班妆、社交妆、舞会妆等，汽车销售商务活动中的化妆，属于上班妆，追求自然美，所以不宜浓艳。

2. 简洁

简洁的含义是指基础护理加彩妆淡抹。

3. 适度

适度的含义是指浓淡适度，符合场合和时间；另外，还要符合自己的脸型。

4. 避短

避短是指美化自己脸上富有美感之处，掩饰面部不足，达到化妆的最佳效果。

汽车销售商务活动中，面容修饰只有遵循上述原则，面容看起来是自尊自爱给人舒适的感觉。禁忌"离奇出众、技法出错、惨状示人、岗上化妆、香水气味浓郁"。

二、男士面容修饰

1. 打理胡须

（1）打理胡须的工具 男人打理胡须最常用的工具是剃须刀，剃须刀分为旋转式（图2-3）和往复式（图2-4）。

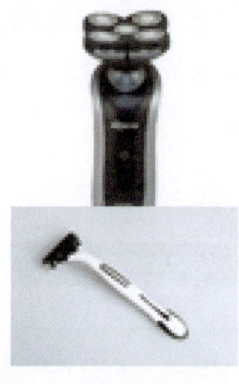

图2-3 旋转式剃须刀

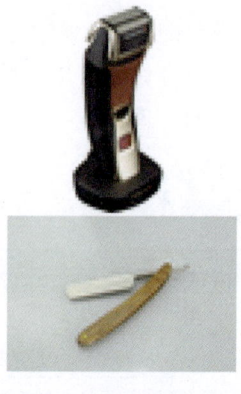

图2-4 往复式剃须刀

（2）打理胡须的技巧　打理胡须的技巧：首先要用温毛巾软化，也可以水洗时间长点，然后使用泡沫均匀涂抹在胡须上，在刀片的选择上，使用单层刀片比多层刀片刮得干净；刮的时候要短行程刮，先顺刮，再逆刮，最后用凉水冲洗确保湿润。

2. 男士保持面部润泽的方法

男士皮肤的护理，三个基本的步骤：清洁、清理、护肤。

目前，市场上有越来越多的男士护肤品，例如最基本的洗面奶、爽肤水、乳霜，还有磨砂膏、面膜、精华素等，男士护肤品的主导品种主要配合剃须使用、防晒、收缩毛孔、祛痘消炎、运动护理等，这样可以使面部干净、清爽。为此，就要勤洗脸（图2-5）、勤修面。同时，洗脸要完全彻底、面面俱到，才能保持润泽。

图 2-5　勤洗脸

3. 男士保持面部润泽的产品及使用

皮肤干燥，看起来不舒适，保持面部润泽要使用合适的保养产品，如洗面奶、爽肤水、精华素、润肤霜/露、隔离霜、防晒霜等。

不同肤质使用的润泽产品不一样，具体见表2-8。

表 2-8　不同肤质使用的润泽产品及效用

序号	肤质	产品及效用
1	干性皮肤	干性皮肤保养最重要的一点是保证皮肤得到充足的水分。在选择清洁护肤品时，不要选用碱性强的香皂或清洁品，以免抑制皮脂和汗液分泌。彻底清洁面部后，应立刻使用保湿性水或乳液来补充皮肤的水分。每周可做一次熏面及营养面膜，以促进血液循环，加速细胞代谢，增加皮脂和汗液分泌。睡前可用温水清洁皮肤，然后按摩3~5分钟，以改善面部的血液循环，并适当地使用晚霜
2	中性皮肤	中性皮肤是所有皮肤里最完美的肤质，男性里有这种肤质的人可算是凤毛麟角，但是完美的皮肤在恶劣的环境下，不注意保养很快就会"变质"。中性皮肤挑选护肤品应根据季节和自己所处的环境，同时，注意清洁、补水或采用有保湿作用的面霜和收缩水对皮肤能有保护作用
3	油性与混合性皮肤	油性与混合性皮肤关键在于均衡油脂分泌、清洁及收紧毛孔。日常皮肤的清洁要选用一些后感觉清新爽洁的洗面奶，每周做一次清洁面膜。平时使用一些有控油功能的面霜，来改善面部出油状况，同时还应用补水乳霜并及时补充水分

另外，保持面部润泽的技巧是多喝水，洗脸使用温水，多用眼霜、高倍防晒霜，多吃水果、芝麻、核桃、松子等。

4. 耳鼻毛修剪

耳鼻毛修剪工具主要选择剪子或者电动剃毛机。耳鼻毛修剪技巧：耳鼻毛要定期修剪、不能剪太短，手动修剪时应注意避免伤到鼻腔内壁，而且每次修剪前应先洗干净鼻腔，然后再进行正确操作。

5. 保持口腔清新

口腔有异味给人不舒服的感觉。口腔异味主要体现为口腔有苦味、口腔有甜味、口腔有酸味、口腔有咸味、口腔有辣味、口腔有臭味。汽车销售商务活动中一定要避免这种现象的出现，可能引起口腔异味的食物及酒水主要有葱、姜、蒜（图2-6）、韭菜、榴莲（图2-7）、臭豆腐、咸鱼虾类、酒类等。上述食物食用后有口腔异味的应该采用以下方法来解决：饭后漱口、保持口腔清新（图2-8）、及时治疗口臭、空腹时间不宜过长、少食用刺激性食物、两餐之间多吃水果、饮水，保持口腔湿润。

图2-6 葱、姜、蒜引起口腔异味

图2-7 榴莲引起口腔异味

图2-8 保持口腔清新

总结起来男士仪容礼仪的要点主要有面容整洁、耳毛鼻毛不外露、不留胡须、牙齿清洁、口腔无异味。具体操作要领：每天刮胡须；修剪鼻毛、耳毛；每日洁面，保持面部润泽；勤漱口，不吃刺激性食物。

三、女士面容修饰

女士面容礼仪当然也离不开化妆，汽车销售商务活动中，女士化妆需要"淡妆"，符合场景需要。要想端庄、美貌、恰到好处，女士护肤有一定的步骤：

1. 洁面

（1）**洁面的步骤** 洁面俗称"洗脸"，洗脸有六个步骤，具体见表2-9。

表2-9 女士洁面步骤

序号	步骤	具体操作
1	用温水湿润脸部	洗脸用的水温非常重要。有的人图节省时间，直接用冷水洗脸；有的人认为自己是油性皮肤，要用很热的水才能把脸上的油垢洗净。其实这些都是错误的观点，正确的方法是用温水。一般推荐最好能用纯净水，自来水这样的水质已经开始残害脸部肌肤了。这样既能保证毛孔充分张开，又不会使皮肤的天然保湿油分过分丢失

（续）

序号	步骤	具体操作
2	用洁面乳充分起沫	无论用什么样的洁面乳，量都不宜过多，面积有五分硬币大小即可。在向脸上涂抹之前，一定要先把洁面乳在手心充分打起泡沫。如果洁面乳不充分起沫，不但达不到清洁效果，还会残留在毛孔内引起青春痘。泡沫越多越好，还可以借助一些容易使洁面乳起沫的工具。当然，干性皮肤不宜使用大量泡沫的洗面奶，一般不会打起大量泡沫的，只需要在手心均匀打开，再涂抹脸上
3	轻轻按摩15下	把泡沫涂在脸上以后要轻轻由下往上打圈按摩，不要太用力，以免产生皱纹。大概按摩15下左右，让泡沫遍及整个面部
4	清洗洁面乳	用洁面乳按摩完后，就可以清洗了。有一些女性怕洗不干净，用毛巾用力地擦洗，这样做对娇嫩的皮肤非常不好。应该用湿润的毛巾轻轻在脸上按，反复几次后就能清除掉洁面乳，又不伤害皮肤
5	检查发际	清洗完毕，洗脸的过程并未全部完成，还要照镜子检查一下发际周围是否有残留的洁面乳，这个步骤也经常被人们忽略。有些女性发际周围总是容易长痘痘，其实就是忽略了这一步
6	冷水撩洗20下	用双手捧起冷水撩洗面部20下左右，同时用蘸了凉水的毛巾轻敷脸部。这样做可以使毛孔收紧，同时促进面部血液循环。这样才算完成了洗脸的全过程（注：敏感肌肤因为皮肤角质层薄，此步骤可以省略）

（2）**洁面的作用和要点**　洁面的作用首先是清洁皮肤：为了保证皮肤润泽光滑，必须认真彻底地清洁皮肤。另外就是干净清爽：皮肤干净清爽，让人看起来舒适、优雅有品位和地位。通过洁面后的清爽效果，可以给自己一份好心情。

（3）**洁面操作要领和洁面工具**　首先取1厘米左右洁面乳在手心，然后加水打出泡沫，再分别涂在额头、鼻翼、两边面颊和下颚，两手用食指、中指、无名指轻轻外旋转由脸颊下慢慢向上抚摸式洁面，额头和眼下分别向上和向两侧轻抚洁面。

洁面工具主要有洗面奶（适合干性、混合性偏干肌肤）和洁面膏（适合油性、混合性偏油肌肤）。

2. 爽肤

洁面后立即拍上爽肤水，可以提高肌肤的含水量。千万不要等脸上的水分干了再涂，湿润着拍爽肤水可以提升护肤的功效，详细爽肤知识如下：

（1）**爽肤的作用**　爽肤的作用主要是干净清爽、补充水分和滋润肌肤，这样才能保证化妆的效果。

（2）**爽肤操作要领及爽肤工具**　首先要用爽肤水将化妆棉湿透，来擦拭面部，然后再取蚕豆大小爽肤水轻拍在脸上，多拍几次，达到充分吸收，顺序是从额头到下颚，从鼻翼到双颊，直到感觉完全吸收为止。

爽肤工具主要有化妆棉、"美容指"、爽肤水（紧肤水、化妆水）等。

爽肤水应用于肌肤清洁后的工序，具有使毛孔及时收缩、深层清洁、补水、防止脱皮、降低皮脂腺的刺激、防止油脂的恶性循环分泌并软化角质便于营养吸收的作用。

3. 眼部护理

（1）**眼部护理步骤**　正确的眼部护理，可以提升面容精致的效果。眼部护理的步骤见表2-10。

表 2-10　眼部护理的步骤

序号	步骤	具体操作
1	清洁和卸妆	干净的肌肤是吸收养分的良好基础，用性质柔和的眼部卸妆液为娇弱的眼部肌肤做好清洁工作
2	眼周点压按摩	轻柔的按摩和舒缓是美目保健操的关键，肌肤只有在彻底放松的情况下，才能吸收水分和养分。用双手的中指和无名指轻点压眼周的穴位，由鼻梁两侧的睛明穴开始，沿着眼眶进行点压按摩，经过攒竹、鱼腰、丝竹空、承泣、睛明等穴位，2~3圈就够了
3	敷眼膜	能够迅速深层滋润眼周围因缺水而产生细纹的肌肤，通过阻断空气，将养分大量导入眼周肌肤底层，并通过血液加速循环来促进吸收。通常情况下，敷 5~10 分钟即可，可利用这段时间闭目养神
4	揭眼膜	用营养水轻轻擦去眼周的残留物质
5	涂眼部精华膏	取珍珠粒大小的分量，用双手无名指以点压的方法均匀地涂在眼睛周围。先由下眼睑之眼尾向内眼角轻按，再由上眼睑的眼角处向外轻按至眼尾，如此循环 2~3 次
6	轻抚眼窝	最后，中指和无名指合并由眼窝向太阳穴方向轻抚几下，减轻细纹

（2）**眼部护理作用**　要经常进行眼部护理，像呵护皮肤一样呵护眼部皮肤，如涂抹眼霜等护肤品，这样还可以预防眼周小细纹的产生，保持水分，永葆青春。

（3）**眼部护理操作要领及眼部护理工具**　眼部护理要用专业美容小号勺取米粒大小的产品（如眼霜），分别点在眼睛下面，然后用美容指由内向外轻轻按摩，直到完全被眼部皮肤所吸收。按摩的过程中忌讳按摩用力过重，以不带动皮肤为好。眼部护理工具如眼霜和"美容指"等。

4. 润肤

正确地使用润肤品进行润肤，可以让肌肤顺滑水润，对女士来说是一种享受。

（1）**润肤作用**　平日里会选各种润肤品，目的是为皮肤补充营养、补充水分，增加皮肤的弹性，看起来光亮、润泽、滑嫩。

（2）**润肤操作要领**　首先取出少许润肤霜，放在手心，用五点的方式涂抹（额头、双颊、下颚），轻轻拍打脸颊、从额头到下颚、由鼻翼到双颊。

润肤露，能深入滋润干燥肌肤，补充肌肤每天流失的水分，天然保湿，润肤露贴切地满足油性皮肤需求，是油性皮肤最理想的护肤品。

润肤露和乳液——适用于混合性及油性皮肤，对于混合性皮肤，乳液起调节油质分泌、补充适当油分的作用，属于基础护肤。质地清爽，比较稀薄，适合夏天使用。

5. 化妆

女士化妆很有讲究，具体化妆步骤见表 2-11。

表 2-11　女士化妆步骤

序号	步骤	具体操作
1	彩妆前的基础护肤	从洁面开始，根据自己皮肤状态选择护肤洁面用品，不建议用泡沫型洁面产品 化妆水在使用时，用手或化妆棉蘸取化妆水由下向上、由内向外轻轻拍于面部 乳液使用时采用五点法将乳液点在额部、双颊、鼻部、下巴处向上提升

(续)

序号	步骤	具体操作
2	BB霜（粉底）	BB霜具有遮瑕、保湿、美白等功能，具有多重功效： 1）基础护肤在使用BB霜之前，要做好补水工作，防止皮肤起皮 2）涂粉底时，不能整张脸涂得一样厚，区域1：眼睛下方颧骨部分需要重点覆盖区域；区域2：额头到鼻梁、眼睛和嘴唇四周，是需要涂薄区域；区域3：脸框线条部分协调融合即可，涂的量最少，并通过改变BB霜的用量，深浅不同的层次来提升脸部的立体感 3）用中指协调细微的部分。范围较大的脸颊处理完毕后，用中指轻轻敲打妆容容易脱落的T型区、两侧鼻翼，眼唇四周等需要涂薄的区域，促进与肌肤的融合 4）最后用化妆海绵或者粉扑清除不均匀和多余的粉底，使用化妆海绵来清除多余的BB霜，轻轻扫过整个脸孔
3	遮瑕膏	遮瑕膏使用注意事项如下： 1）使用顺序是在粉底之后，散粉之前 2）用在局部，使用较少的遮瑕膏，然后仔细晕染开 3）基本原则是选择斑痕或者黑眼圈颜色与肤色的中间色，这样修饰过自然雅致 4）均匀上妆，让整个妆面看起来更清透自然
4	定妆粉	定妆粉的作用在于控油定妆，让妆容持久，将粉扑均匀蘸取散粉，粉量以粉扑向下粉不落地为宜，按照T型区、鼻翼、脸颊的顺序，轻轻按压全脸，然后用大粉刷刷去多余散粉，看起来均匀即可
5	画眉毛	眉毛能够平衡整体妆容及脸部结构，所以一定不要忽视
6	画眼影	眼睛是心灵的窗户，通常，眼影的选择与心情有关。什么样的心情，搭配什么衣服，出席什么场合，眼影的选择也会不同
7	画眼线	眼线可以起到点睛之笔的作用，可以让你看起来更精致
8	涂睫毛膏	睫毛膏的作用就是帮助女生实现大眼睛的梦想
9	腮红	腮红可以很好地改善肤色，使用后会使面颊健康红润
10	唇妆	嘴唇能够体现一个人的风采，唇妆选择口红很重要

具体应该如何化妆，针对化妆过程中容易出现问题的环节，做以下详细介绍：

（1）打粉底 粉底是妆容的基础，一般有粉底液、粉饼装与散粉装三种。如何打好这层基础，需要对照肤色，也可通过试用。但干燥的季节或者长期处于空调环境中，往往在打了粉底之后更明显看见细纹和脱皮，显得整张脸粗糙又老气，此时补水是一定要做，方法如下：把平时用的粉底液取少量倒在手心；取粉底液1/3量的亮光粉，与粉底液调和；按平时涂粉底液的方法把它涂在脸上即可。

1）打粉底要点。打粉底要使肤色均匀、自然、薄厚适宜；打粉底前要先清洁皮肤，然后双手保持干燥，再轻轻涂抹，或者借助于打粉底的专用工具。

2）打粉底操作要领及使用工具。打粉底时候，首先挤出或倒出粉底，放于虎口上，然后以五点方式用手或是粉底刷涂开，轻轻按压粉底液在全脸，顺序是从额头到下颚、从鼻翼到双颊。使用的打粉底工具主要有粉底刷（图2-9）、"美容指"和粉底液。

3）粉底遮瑕技巧。使用3D立体粉底，适用于轮廓扁平、面形阔大的人，面颊位置要由下向上拉，可以令脸庞更纤瘦；使用柔美修饰粉底，适用于轮廓过分突出、线条硬朗脸型，要由鼻至耳朵横向外扫，所含透光粉末可柔化强硬线条，将光线分散，柔化过分凸出的颧骨，以加强修饰轮廓效果。

4）粉底缩小毛孔技巧。使用饰底乳（也叫作修饰蜜）——具有从底层修饰肤色的效果，粉底缩小毛孔有小技巧：用手指指腹从脸的中间部位向外侧快速推展，也可与粉底液调色使用，比例约为1∶3，当进行局部修饰时，使用于一般粉底液之前或之后都可以，需要注意的是，特别在意的毛孔部位，可在推展一次之后，以手指取少量轻轻按拍，使之融入肌肤。

图2-9　斜头粉底刷

（2）定妆　清晨精心描画的妆容到了下午，总会随着油脂分泌而不情愿地滑落，原因就是没有定妆。定妆使用定妆粉，定妆粉一定要贴合肌肤，才不易脱妆。

具体说来，定妆的操作要领是，首先在粉扑或粉刷上沾上蜜粉，然后从上到下，由内而外，用蜜粉刷刷在脸上，或用粉扑按拍在脸上，均匀扑粉，达到自然即可。定妆的工具选取也很重要，一般定妆的工具有定妆粉、粉饼扑和蜜粉刷等。

（3）画眉　眉妆是提升一个人气场的绝佳化妆部位，要掌握画眉的要点及操作要领。

1）画眉的标准要点主要有两点：第一是要修饰眉形；第二是要修饰眉色。眉形和眉色要和脸型、肤色搭配得当。

2）画眉的操作要领及画眉工具：

画眉首先要用眉笔在眉峰处画第一笔，然后从眉峰到眉梢，眉头要轻轻扫，使眉头和眉尾在同一平面。画眉的工具一般有眉笔和眉粉等。

（4）眼影　眼影用于对眼部周围的化妆，通过以"色"与"影"使眼部具有立体感。眼影有粉末状、棒状、膏状、眼影乳液状和铅笔状，颜色多样。

眼影可以改善眼周肤色，与脸颊肤色有不同，突显灵动、雅致与庄重；另外，要起到完善眼形的作用。眼影定妆的操作要领（图2-10）：首先用眼影刷涂刷适中颜色，忌用色彩鲜艳的绿色、柠檬黄和正红等颜色；之后从眼尾到眼睑，晕染均匀，顺序为从后向前、从下往上。画眼影的工具一般有眼影刷、眼影膏和眼影粉等（图2-11~图2-13）。

图2-10　画眼影操作要领

图2-11　眼影刷

图 2-12　眼影膏

图 2-13　眼影粉

（5）眼线　眼线可以让初见之人眼前一亮，使自己变得自信、精气神十足。其操作要领如下：

首先要选点，一般都是在贴近眼尾睫毛根部的 1/3 处开始第一笔，之后由外向内描画，自然大方，精致淡雅。一般眼线工具有眼线笔、眼线膏、眼线液等（图 2-14 和图 2-15）。

图 2-14　眼线笔

图 2-15　眼线膏和眼线液

（6）夹睫毛　夹睫毛时要求自然卷翘、稍稍上扬。具体操作要领：手持睫毛夹，分别在睫毛根部、中部和尾部三段夹卷翘。需要注意的是，禁忌过度上扬，有失自然。夹睫毛的工具为睫毛夹。

（7）涂睫毛膏　睫毛膏为涂抹于睫毛的化妆品，目的在于使睫毛浓密、纤长、卷翘，以及加深睫毛的颜色。睫毛膏有两类：一类是乳质膏体，上色好、见效快，但是易晕妆；另一类是粉质膏体，相对比较乳液来说比较"干"，需要多刷几遍。粉质膏体均匀自然，不晕妆，精雕细琢，雍容大方，但是相对价钱较高。

涂睫毛膏的要求自然浓密、避免晕妆。涂睫毛膏的操作要领：首先要转出睫毛膏，然后竖着把膏涂在睫毛上，顺序是由根部走"Z"字形到睫毛上端，手法往上提。选择涂睫毛膏的工具一般为睫毛刷和睫毛膏等。

（8）涂腮红　腮红使肤色红润，有粉质和油质两种。腮红是修饰脸型、美化肤色的最佳工具。

涂腮红要做到立体修容、气色红润自然、曼妙。涂腮红的操作要领及使用工具都有一定的学问：涂腮红要沾适量腮红，根据脸型从笑肌开始画，打造结构，一般长形脸横刷、圆形脸斜刷；另外，涂腮红要选择笑肌最高点作为腮红晕染中心，由内向外横扫型自然散落，关注到咬肌区域，选择偏深一号或者咖啡色系的腮红及侧影型腮红产品，使用最大号腮红刷蘸取后，先在手心或虎口处抖去余粉再晕染。

（9）涂口红 口红是所有唇部彩妆的总称。口红包括唇膏、唇棒、唇彩、唇釉等，能让唇部红润有光泽，达到滋润、保护嘴唇，增加面部美感及修正嘴唇轮廓有衬托作用的一种产品，是女性必备的美容化妆品之一。

涂口红的操作要领：首先要转出口红，从唇峰开始，涂的方位是由上而下、由里而外，保证色泽饱满，为了保证涂口红效果，一定要注意润唇。涂口红一般是口红本身或者借助于唇刷（图2-16）。

图 2-16 口红及唇刷

女士仪容礼仪整体要点就是面容整洁、淡妆上岗、牙齿清洁、口腔无异味、香水清新淡雅。

男士/女士面容打理的实训

1. 准备工作（表2-12）

表2-12 男士/女士面容打理的实训准备工作

场地准备	工具准备	课堂布置	教师、学生要求
礼仪训练室1间	4把椅子/组	4人/组，共计4组	着职业装
	4张桌子/组		
	镜子一面/组		
	化妆品一套/组		

2. 分组活动

学生进行男士、女士面容的打理，见表2-13。

表2-13 学生进行男士、女士面容的打理

完成项目	完成项目具体内容
男士面容打理	
女士面容打理	

3. 小组内交流讨论

同学们讨论男士/女士面容打理的方法及技巧，依据汽车销售商务活动中面容修饰要求，进行现场轮流打理，直至组内每位成员都打理完毕，打理过程中其他人担任观察员，记录打理的优点和不足，进行分享，最后每组选出最优的一人代表本组进行打理展示。

4. 展示评比

四个小组的代表依据打理的技巧并进行模拟演练，进行现场打理展示汇报，相互拍照，展示时间为5分钟/组。结束后教师进行评价（表2-14），同时小组内自评、小组间进行互评（表2-15）。

5. 评价表

表2-14 教师评价表

序号	评价内容	评价标准	完成情况	
			是	否
1	知识评价	观察学生是否掌握面容修饰的原则、男士是否掌握面容修饰的方法和技巧，女士是否掌握妆容修饰的步骤、是否认识各种修饰面容的工具		
2	技能评价	通过模拟演练，观察男士是否学会面容修饰（包括鼻子、脸部清洗等）、女士是否学会妆容的修饰（包括面容、眼部、唇部）		
		活动中观察学生面容修饰是否淡雅、简洁、适度，能够学会正确使用面容装饰各类工具		
		观察学生能否充分准备面容修饰的操作工具，积极参与活动任务的完成		
3	素养评价	能否培养学生正确的审美观、辨别判断能力和规范做事的态度及意识		

表2-15 小组内自评、小组间互评表

序号	评价标准	分值	得分
1	能够主动为完成任务进行资料查找、录制视频	30	
2	能够根据所学知识，理解并掌握面容打理的要点	20	
3	能够根据查询资料成功模仿符合商务活动的理想面容打理效果	30	
4	能够熟练使用操作要领进行面容打理，并能掌握一些打理技巧	20	
	合计得分		

1. 仪容的定义及要素
2. 仪容的重要性
3. 男士发式的打理方法及礼仪要点
4. 女士发式的打理方法及礼仪要点
5. 汽车商务活动中面容修饰原则
6. 汽车商务活动中男士面容修饰主要内容及修饰工具
7. 汽车商务活动中女士面容修饰主要内容及修饰工具

8. 汽车商务活动中女士面容修饰的步骤要点
9. 汽车商务活动中女士面容修饰的操作要领
10. 汽车商务活动中面容修饰后效果

一、填空题

1. 汽车商务仪容要素是_____、_____、_____。
2. 汽车商务礼仪中仪容的定义是指_____。
3. 汽车商务礼仪重要性包含_____、_____、_____三个方面。
4. 汽车商务礼仪重要性从微观上看指_____，客观上看指_____。
5. 汽车商务礼仪中发式修饰可以让商务人员更加_____、_____，而非艺术家气息。
6. 汽车商务礼仪中男士发式打理工具主要包括_____、_____、_____和_____。
7. 汽车商务礼仪中男士发式打理要点：_____、_____、_____、_____、_____。
8. 汽车商务中女士发型打理方法主要有_____和_____两种。
9. 汽车商务礼仪中面容修饰的原则_____、_____、_____、_____。
10. 汽车商务礼仪中男士护肤步骤为_____、_____、_____、_____。

二、选择题

1. 汽车商务礼仪中仪容要素指（　　）。
  A. 自然美　　　　　B. 修饰美　　　　　C. 内在美　　　　　D. 评价美
2. 下列不属于仪容重要性的是（　　）。
  A. 个人品格　　　　B. 个人修养　　　　C. 交际角度　　　　D. 传播角度
3. 男士发型打理方法依次顺序为（　　）。
  A. 用水湿透头发，要尽量将发根全浸湿
  B. 在发丝上再次使用增加头发蓬质感的发泥或发蜡，或用固定头发造型的产品固定
  C. 使用具有增加头发硬度和弹性的啫喱等美发产品，大约挤出2cm，均匀地涂在发丝上
  D. 再用吹风机边吹边用手轻轻抓起发丝，让头发蓬起来
4. 下列不属于男士发型打理的工具是（　　）。
  A. 发蜡、精油　　　B. 发泥、定型水　　C. 喷雾胶　　　　　D. 发带、皮筋套
5. 汽车商务礼仪中女士盘发做法包括（　　）。
  A. 先用发圈扎起马尾　　　　　　　　B. 把头发塞入发缝里，用发卡固定
  C. 刘海梳起、定型水固定碎发　　　　D. 在马尾上部发圈内侧，用食指抠出发缝
6. 下列属于汽车商务礼仪中面容修饰原则的是（　　）。

A. 淡雅　　　　　　B. 简洁　　　　　　C. 适度　　　　　　D. 避短

7. 男士打理胡须的最常用的工具是（　　）。

A. 剪刀　　　　　　B. 修眉刀　　　　　C. 剃须刀　　　　　D. 胡须钳

8. 下列属于男士面部润泽工具的是（　　）。

A. 洗面奶　　　　　B. 爽肤水　　　　　C. 精华素　　　　　D. 隔离霜

9. 汽车商务礼仪女士仪容礼仪整体要点包括（　　）。

A. 面容整洁　　　　B. 淡妆上岗　　　　C. 牙齿清洁　　　　D. 口腔无异味

10. 汽车商务中女士眼线操作要领为（　　）。

A. 首先选点，一般都是在贴近眼尾睫毛根部的 1/3 处开始第一笔，之后由外向内描画，自然大方，精致淡雅

B. 根据眼睛的形状贴近眼尾睫毛根部开始描画

C. 根据自己的喜好，任选位置开始描画

D. 听取别人的建议，模仿其他人的画法进行描画

三、简答题

1. 汽车商务礼仪中仪容的定义及要素。
2. 简述汽车商务礼仪中仪容的重要性。
3. 汽车商务礼仪中仪容重要性在微观和客观上的表现有哪些？
4. 简述女士发式打理方法及礼仪要点。
5. 简述汽车商务活动中面容修饰原则。
6. 简述汽车商务活动中男士面容修饰主要内容及工具。
7. 简述汽车商务活动中女士面容修饰主要内容及修饰工具。
8. 简述汽车商务活动中女士化妆的步骤。
9. 简述汽车商务礼仪中女士面容修饰的步骤和要点。
10. 简述汽车商务活动中女士眼部护理的步骤。

学习领域三 汽车商务仪表礼仪

 情境导入

该学习领域主要是针对汽车销售商务活动中相关人员的外表，主要包括容貌、姿态、风度，以及在工作中如何体现出其文化修养及较高的审美情趣。仪表是一门艺术，既要讲究协调，也要注重场合、身份和职业等。

 **单元一 汽车商务着装礼仪**

 学习情景

小张刚刚大学毕业，经学校推荐进入了长春市某家奥迪4S店做汽车销售顾问。为了给领导及同事一个良好印象，小张精心挑选了自己喜欢的黑色衣服、白色裤子、粉色鞋子和米色包包，早晨起床化妆后，穿上自认为很满意的服装，迫不及待地去单位报到。到了单位她发现单位的同事用异样的眼光看她，并窃窃私语。小张很是纳闷，丈二和尚摸不着头脑，这时经理走过来，把小张叫到办公室谈话，从此之后小张在单位的穿着有了很大变化。请分析经理和小张谈了些什么，才让小张在同事面前不被异样眼光关注？

 学习目标

目标名称	目标内容
理论知识	着装概述
	男士着装
	女士着装
技术能力	能够正确进行男士着装
	能够正确进行女士着装
职业素养	培养学生正确的人生观和价值观
	培养学生高品质文化修养及高质量审美情趣

一、着装原则

1. TPO 原则

着装要遵循 TPO 原则，即着装要考虑到时间（Time）、地点（Place）和目的（Object）该原则要求人们在选择服装、考虑其具体款式时，首先应当兼顾时间、地点、目的，并应力求使自己的着装及其具体款式与着装的时间、地点、目的协调一致，达到和谐自然。符合 TPO 原则的商务着装，如图 3-1 所示。

2. 三个三原则

（1）**三色原则** 三色原则即西服套装与衬衫、领带、腰带、鞋袜、公文包等搭配起来不超过三种颜色。最好选择深色西装、白色衬衫（图 3-2）和黑色鞋袜，袜子与皮鞋颜色应贴近，至少为深色。

图 3-1 符合 TPO 原则的商务着装

图 3-2 符合三色原则的商务着装

（2）**三一定律** 三一定律即鞋子、腰带、公文包应为同一颜色，首选黑色（图 3-3）。

图 3-3 符合三一定律的穿搭

（3）**三个错误** 三个错误：一是袖口商标没拆（左边袖）；二是正式场合穿夹克、短袖打领带；三是重要场合穿白色袜子和尼龙丝袜。

二、男士着装

1. 西装常见款式及穿法

(1) 按西装上衣纽扣排列分类　可分为单排扣西装上衣与双排扣西装上衣。

单排扣西装上衣，最常见的有一粒纽扣、两粒纽扣、三粒纽扣三种，如图3-4所示。一粒纽扣、三粒纽扣单排扣西装上衣穿起来较时髦，而两粒纽扣的单排扣西装上衣显得更为正统一些。男装常穿的单排扣西服款式以两粒扣、平驳领、高驳头、圆角下摆款为主。

图3-4　单排扣西装上衣

双排扣西装上衣，最常见的有两粒纽扣、四粒纽扣、六粒纽扣等三种。两粒纽扣、六粒纽扣的双排扣西装上衣属于流行款式，而四粒纽扣的双排扣西装上衣明显具有传统风格。男子常穿的双排扣西装是六粒扣、戗驳领、方角下摆款。

至于西服后片开衩分为单开衩、双开衩和不开衩，单排扣西服可以选择三者其一，而双排扣西服只能选择双开衩或不开衩。

(2) 按版型分类　西装有四大基本版，具体见表3-1。

表3-1　西装版型及特点

序号	版型	特点
1	欧版西装	欧版西装的基本轮廓是倒梯形，双排扣、收腰、肩宽
2	英版西装	欧版变种而来，单排扣，但是领子比较狭长，一般三个扣子居多，其基本轮廓也是倒梯形
3	美版西装	美版西装的基本轮廓特点是O形，宽松肥大
4	日版西装	基本轮廓是H形。适合亚洲男人的身材，没有宽肩，也没有细腰。一般而言，多是单排扣式，衣后不开衩

(3) 按西装件数分类　可分为单件西装、两件套西装和三件套西装。

商界男士在正式的商务活动交往中所穿西装必须是西服套装，在参与高层次商务活动时，以穿三件套西服套装为佳。

(4) 按穿着场合分类　可分为礼服和便服两种。其中，礼服又可以分为常礼服（又叫作晨礼服，白天或日常穿）、小礼服（又叫作晚礼服，晚间穿）、燕尾服。礼服要求布料必须是毛料、纯黑，需配白衬衣、黑领结，下身需配黑皮鞋、黑袜子。便服又分为便装和正装。人们一般穿的都是正装。正装一般是深颜色、毛料（含毛在 70% 以上），上下身必须是同色、同料、做工较好。

2. 西装的颜色

蓝、灰、黑为商务西装常用色，如图 3-5 所示。

图 3-5　常用色的西服

3. 男士职业套装选择

男士套装选择面料很重要，一定是上乘面料，且不起褶皱、不起球；选择套装色彩宜少、图案忌花哨、点缀忌多、尺寸合适、造型合身、款式时尚。

4. 男士正装西装的礼仪要点及操作要领

汽车销售商务活动中，男士西装礼仪要求按岗位规定着装，保持西服干净、平整、衣袋没有杂物。如何才能保证上述效果呢，具体要按照西装的操作要领来做：定期干洗西装、定期熨烫、晾挂、对镜自检着装。

5. 男士正装中衬衫礼仪要点及操作要领

男士正装都要搭配衬衫，衬衫的礼仪要点是首先要保持衬衫干净平整、衬衫口袋不乱放杂物。每天都要更换衬衫、每天熨烫、衬衫纽扣全部扣好、衬衫下摆束于裤内。

三、女士着装

1. 职业套裙的穿着

套裙是服装名称，常称作"女性套裙、职业套裙、西装套裙"。通常，套裙是西装套裙的简称。

套裙可以分为两种基本类型：一种是用女式西装上衣和随便的一条裙子进行的自由搭配组合成的"随意型"；另一种是女式西装上衣和裙子成套设计制作而成的"成套型"或"标准型"。套裙的上衣和裙子长短没有明确的规定，一般认为裙短不雅，裙长无神，所以最理想的裙长，裙子的下摆恰好抵达小腿肚子最丰满的地方。

穿套裙要注意套裙随身材要做到大小适度、穿着到位、注意场合、协调妆饰、兼顾举止。

2. 女士西服正装

女士西服正装可以选择西服长裤，配套上衣。上衣的款式主要有大领、小领、圆领、方领、鸡心领、一字领和平领，袖长分长袖、中袖和短袖，色彩为深色、浅色、素色为宜。

3. 挑选女士正装

女士挑选正装不追求流行时尚、不能太过显眼、穿着方便；颜色多为单色藏青或者深灰素色，这两种颜色是正统西装颜色，会给人留下安全感的良好印象。深色西装比较衬肤色，基本上购买的大概率为藏青色，一般选择布料时会考虑到平整、滑润、悬垂、挺括。

4. 女士正装衬衣搭配

女士正装衬衣面料以纯棉、真丝、雪纺为佳，色彩可以是常规的白色、浅蓝和浅黄等，衬衣下摆束于西装裤或西装裙内。

5. 女装正装鞋袜搭配

鞋以高跟、半高跟黑色牛皮鞋为宜，也可选择与着装色彩一致或相近的皮鞋（图 3-6）。

图 3-6 女士鞋子搭配

穿裙子应当配长筒袜或连裤袜（忌光脚），颜色以肉色为宜，冬天穿不透明的保暖丝袜，夏天穿透明的丝袜。职业女士穿正装时，注意不要穿网眼丝袜，袜子颜色与裤子、裙子颜色一致或相近为宜；袜口不能露在裙摆或裤脚外边（忌三截腿）。

6. 女士正装着装礼仪要点与操作要领

汽车销售商务活动中，女士正装要求按岗位规定着装，保持套装整洁、干净、颜色协调、套装熨烫平整、长裤要熨出裤线、系好全部纽扣（图 3-7）。

图 3-7 女士正装着装礼仪要点与操作要领

汽车销售人员中女士着装更是要按岗位要求穿着衬衫、保持衬衫干净平整、衬衫袖口不要卷起。具体操作要领：每天更换衬衫，每天熨烫衬衫，纽扣全部扣好、衬衫领子放在西装外为宜。

男士/女士着装的实训

1. 准备工作

实训前的准备工作见表 3-2。

学习领域三　汽车商务仪表礼仪

表 3-2　男士/女士着装的实训准备工作

场地准备	工具准备	课堂布置	教师、学生要求
礼仪训练室 1 间	4 把椅子/组	4 人/组，共计 4 组	着职业装
	4 张桌子/组		
	镜子一面/组		
	化妆品一套/组		

2. 分组活动

学生遵循着装要领及要求进行男士、女士着装，见表 3-3。

表 3-3　学生遵循着装要领及要求进行男士、女士着装

完成项目	完成项目具体内容
遵循男士着装要求进行着装	
遵循女士着装要求进行着装	

3. 小组内交流讨论

同学们讨论男士/女士着装的具体要领和要求，依据汽车销售商务活动中着装要求，进行现场轮流着装，直至组内每位成员都进行完毕，过程中其他人担任观察员，记录着装的优点和不足，并进行分享，最后每组选出最优的一人代表本组进行着装展示。

4. 展示评比

四个小组的代表依据着装要领模拟演练着装，进行现场展示汇报，相互拍照，展示时间为 5 分钟/组。结束后教师进行评价（表 3-4），同时小组内自评、小组间进行互评（表 3-5）。

5. 评价表

表 3-4　教师评价表

序号	评价内容	评价标准	完成情况	
			是	否
1	知识评价	通过活动，考察学生是否掌握着装原则		
		通过展示，考察学生是否掌握着装要点和操作要领		
2	技能评价	观察学生汽车商务活动中着装是否符合销售岗位特征，能否胜任销售人员岗位职责		
		通过着装模拟演练，观察男士是否学会正确选择西装颜色、版型，女士着装及搭配是否符合商务礼仪要求		
		观察学生能否正确判断着装搭配礼仪，塑造良好职业形象		
3	素养评价	学生是否具备正确的审美观，提升审美情趣和审美意识		
		学生是否具有塑造成功销售人员外在形象的意识		

表 3-5　小组内自评、小组间互评表

序号	评价标准	分值	得分
1	能够主动为完成任务进行资料查找、录制视频	30	
2	能够根据所学知识，理解并掌握男、女着装的要点、操作要领及学会正确着装	20	
3	能够根据查询资料成功模仿符合汽车销售与服务岗位要求的着装状态，塑造专业的职业形象，具有打造专业形象的技能	30	
4	能够熟练使用着装操作要领，边操作边描述，并正确进行着装搭配，注意搭配细节	20	
合计得分			

单元二　汽车商务着装中饰品搭配礼仪

小张刚刚大学毕业，经学校推荐进入了长春市某家奥迪 4S 店做汽车销售顾问。第一天上班，小张着正装，穿搭合适，但是没有系腰带，因为西装扣扣子，谁也看不到里边，所以索性马虎一下，用本命年用过的红色宽布条当了腰带。来到公司后，他发现同事也着正装，看起来都很潇洒精致，觉得自己形象方面还有很大差距。请你帮助小张设计一下，塑造良好、精致的第一印象给同事。

目标名称	目标内容
理论知识	饰品概述、饰品分类
	饰品佩戴作用
	饰品佩戴的原则
	如何进行饰品搭配
技术能力	能够正确进行饰品分类
	学会正确的饰品搭配
职业素养	培养学生正确辨别美丑的能力，提升人文修养
	培养学生高品质文化修养及高质量审美情趣

一、饰品概述

1. 饰品定义

汽车商务社交与日常生活中，除上衣、下衣外，佩戴的所有饰物（图 3-8）统称为饰品，是指与服装搭配、对服装起装饰作用的其他物品。在全身穿戴中,饰物往往是体积最小、最有个性、最引人注目的物品。别致、新颖、富有内涵的饰物往往能丰富服装的表达能力,提升服装的品质,也能体现佩戴者的审美与搭配水平。

图 3-8 饰品(腰带、眼镜、项链、耳钉)

2. 饰品分类

饰品通常指佩戴在身上的一些装饰品,起到画龙点睛的装饰作用。由于人们出席各种场合都需要佩戴合适的饰品,饰品的佩戴方法也颇受人们关注。饰品选配得当,会使人增添魅力。饰品主要分为丝巾、领带、袖扣、胸针、手帕、腰带和首饰等。

二、男士饰品搭配

男士在不同场合应该佩戴相应的饰品。

1. 腰带

腰带(图 3-9)已经成为一种时尚,细看国际时装展,腰带的作用已经延展到了实用性之外的时尚搭配,意义日益凸显。一些国际大牌在腰带上也下足了功夫,每季都会推出富有意义的新款,或者使用了新的材料,或者应用了新的理念。

图 3-9 腰带

腰带的种类及搭配见表 3-6。

表 3-6 腰带的种类及搭配

序号	种类	特点及搭配
1	针扣腰带	以扣针穿过腰带孔进行系扣。其结构简单可靠,风格多样,有正装和休闲不同的风格类型,其正装风格是现代西装的标准搭配,也被称为经典腰带,出现在众多国事场合和商务场合。休闲风格的针扣腰带,简洁干练,款式多样
2	自动扣腰带	是弹簧或磁力机械结构进行系扣的腰带,分为有齿和无齿自动扣两类,主要特点是系扣快捷,松紧调整方便,主要适合休闲场合使用
3	板扣腰带	板扣腰带又称为平滑扣腰带,主要通过扣头上的奶嘴钉插入腰带孔进行系扣。这种腰带系扣方便,结构简单,腰带磨损小,主要适合休闲场合

上述腰带是按照扣头类型分类,如果按材料还可分为真皮腰带(头层牛皮、二层牛皮)、

PU 腰带、针织腰带、金属腰带等；按其使用功能及特点可分为绅士腰带、休闲腰带、牛仔腰带、编织腰带等。现有腰带品种越来越多，腰带的设计也越来越个性化，款式也越来越丰富。

2. 领带

（1）领带分类 领带可分为多种系列，特点不一，具体见表3-7。

表3-7 领带系列、特点及搭配

序号	分类	特点及搭配
1	行政系列	专为白领上班族而设计，图案以永恒的圆点、斜纹、格子为主；质料讲究，以优雅大方见长
2	晚装系列	特别注重领带上的荧光效果，深沉的领带底色上经纬交错的线条或星宿般分布的亮点熠熠生辉，明星味十足
3	休闲系列	轻松、随意，专门用于与T恤、休闲西装的搭配
4	新潮系列	夸张的色彩，怪诞的图案，紫红、靛蓝、瓦黄等是其标准色

商务男士最常使用的就是衬衫领带搭配的套装，衬衫种类花样繁多，符合商务场合的领带（图3-10）更是衬衫的至亲密友，不同场合利用不同衬衫领带搭配的方法，利用色彩、线条之间的组合碰撞，体现搭配的精髓、个人整体风格及品质。所以在进行服装搭配时，应该首先把注意力集中在领带与西服上衣的搭配上，上衣的颜色应该成为领带的基础色。

图3-10 商务场合的领带

（2）打领带的要求及方法 领带长度齐皮带环，不能过长；领带必须整洁、无污渍、无破损、无皱褶，体现一个商务人士的庄重、干练、锋锐；领带节不宜太大或太小，呈正三角形。具体打领带的方法有平结（图3-11）、半温莎结（图3-12）、温莎结（图3-13）、普瑞特结（图3-14），每种打领带的操作方法见表3-8。

图3-11 平结　　　　图3-12 半温莎结　　　　图3-13 温莎结　　　　图3-14 普瑞特结

表 3-8　领带的打法

序号	打法	操作
1	平结	1）右手握住宽的一端（下面称大端），左手握住窄的一端（下面称小端）。大端在前，小端在后，交叉叠放 2）将大端绕到小端之后 3）继续将大端在正面从右手边翻到左手边，形成环 4）把大端翻到领带结之下，并从领口位置翻出 5）再将大端插入先前形成的环中，系紧
2	半温莎结	1）宽的一端（下面称大端）在左，窄的一端（下面称小端）在右。大端在前，小端在后，呈交叉状 2）将大端向内翻折 3）大端从右边翻折出来之后，向上翻折 4）大端旋绕小端一圈 5）拉紧 6）将大端向左翻折，形成环 7）由内侧向领口三角形区域翻折 8）打结，系紧
3	温莎结	1）宽的一端（下面称大端）在左，窄的一端（下面称小端）在右。大端在前，小端在后，呈交叉状 2）大端由内侧向上翻折，从领口三角区域抽出 3）继续将大端翻向左边，即大端绕小端旋转一圈 4）大端由内侧向右边翻折 5）右边同左边一样，绕小端旋转一圈 6）整理好骨架，拉紧 7）从正面向左翻折，形成环 8）最后将大端从中区域内侧翻折出来 9）系紧领带结，完成
4	普瑞特结	1）宽的一端（后称大端）在左，窄的一端（后称小端）在右，大端在后，小端在前，交叉叠放，注意领带反面朝外 2）由外至内，将大端向两者交叉的区域翻折 3）再将大端从左边拉出，也就是大端绕小端一圈，回到原位 4）接着将大端向右平行翻折 5）从内侧翻折到领口的三角形区域，领带结表面形成环 6）打结，系紧

3. 口袋巾

口袋巾，英文名称 POCKET SQUARE，中文又称为袋巾、胸袋巾，是一小块正方形的织物，折叠之后插入西装上衣胸部的衣袋（图 3-15）。口袋巾是男士正装西服必不可少的一件配饰。一块经过精挑细选，洗净、烫平、折叠好的口袋巾，能凸显品位和身份，可以营造出正装服饰中最优雅的角落。

（1）**口袋巾折法**　口袋巾的基本折法及特点见表 3-9。

图 3-15　插入西装上衣衣袋的口袋巾

表 3-9 口袋巾的基本折法及特点

序号	折法	特点
1	一字型折法	露出大约1cm的长度，被平整地放在口袋里。常见于一些商务场合，是稍显正式的折法，被广泛地运用在商务男装上，折法也是最简洁的，在款式上多适用于纯白色的口袋巾，简洁的款式加上简洁的折法显得很自然亲切，不会过于故作姿态
2	三角形折法	被经常运用在比较严肃的一些高级宴会上，优雅高贵是此风格的重点，所以与此种折法匹配的一般是一些高级的晚礼服，在款式的选择上避免太过花哨，纯白色、经典条纹和波点都是很好的选择
3	自然形折法	适合色彩鲜艳的丝质方巾，映入眼帘的是满满的温柔与风流。时尚派对与亲友聚会等较为随性的场合时推荐选用

（2）**口袋巾与领带搭配法则** 领带和口袋巾同为配搭西服最重要的元素，要特别注意色彩协调，大部分时间不需要两者为同一款式，但在色调上要一致，如果口袋巾上的颜色与领带相配，即使与整套装束反差较大，色彩悦目也仍不失和谐。

搭配顺序为衬衫—领带—口袋巾。在搭配一套非常正式的全套衣服时，应先从套装及衬衫中找占比最大的颜色，然后再以领带色彩决定口袋巾颜色，这个顺序可以保证整体的和谐性。

4. 胸针

胸针，又称为胸花（图 3-16），是一种使用搭钩别在衣服上的珠宝，也可认为是装饰性别针。胸针一般为金属质地，上嵌宝石、珐琅等，可以用作纯粹装饰或兼有固定衣服（例如长袍、披风、围巾等）的功能。

图 3-16 男士胸针（胸花）

（1）**胸针款式** 胸针款式分为镶嵌宝石和不镶嵌宝石两种，但图案各有不同，具体见表 3-10。

表 3-10 胸针的种类及图案

序号	种类	图案
1	不镶嵌宝石的胸针	其款式是以一些自然物的图案为主，如人物头像、旗、船、鸟类、生肖图像等
2	镶嵌宝石的胸针	主要有多粒钻石胸针、多粒翡翠胸针、多粒各种宝石的胸针，还有在圆形、椭圆形、方形、长方形、梯形、花篮形、随意形的图案上，再配镶各类宝石

（2）**胸针佩戴方法** 胸针的搭配与服装、季节等有关，具体佩戴方法见表 3-11。

表 3-11 胸针佩戴方法

序号	种类	图案
1	与服装配套	胸针的质地、颜色、佩戴的位置需要考虑服装的配套与和谐。一般来说，穿西装时可以选择大胸针，材料要好，色彩要纯正。穿衬衫或薄羊毛衫时，可以佩戴款式新颖别致、小巧玲珑的胸针
2	根据季节的不同而变化	夏季宜佩戴轻巧型胸针；冬季宜佩戴较大的款式精美、质料华贵的胸针；春季和秋季可佩戴与大自然色彩相协调的绿色和金黄色的胸针

(续)

序号	种类	图案
3	佩戴位置	一般穿带领的衣服，胸针佩戴在左侧；穿不带领的衣服，胸针则佩戴在右侧；头发发型偏左，佩戴在右侧，反之，则戴在左侧；如果发型偏左，而穿的衣服又是带领的，胸针应佩戴在右侧领子上，或者干脆不戴。胸针的上下位置应在第一及第二纽扣之间的平行位置上
4	根据场合不同而变化	胸针虽然一年四季都可以佩戴，但一般平时不使用，只是在一些典礼、喜庆宴会等正式场合才佩戴。此时佩戴胸针，年轻人显得更加青春活力，中、老年人显得高贵、典雅

5. 袖扣

袖扣是用在专门的袖扣衬衫上（图3-17），代替袖口扣子部分的，它的大小和普通的扣子相差无几，精美材质、造型款式多样化和个性化需求定制，起到非常好的装饰作用。

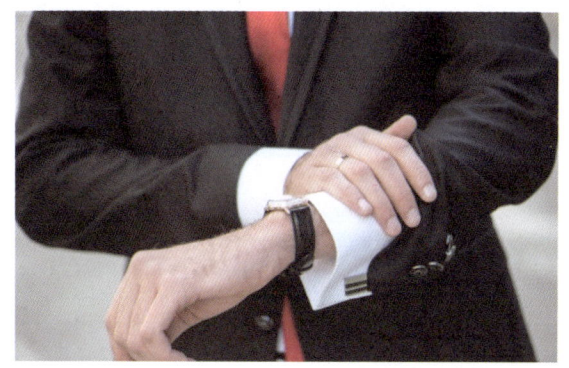

图3-17 袖扣

袖扣大多都是在商务场合搭配西服时使用，属于商务装配件之一，其使用场合和搭配建议见表3-12。

表3-12 使用场合和搭配建议

使用场合	搭配建议
办公的场合	白色衬衫搭配透明色或深蓝色袖扣，领带建议选用深蓝色或黑色，会产生令人信赖的感觉
竞争的场合	深蓝色粗直条纹衬衫搭配金属质感袖扣，领带选用暗色系，给人信服的感觉
派对的场合	粉色衬衫搭配深色系袖扣，搭配牛津风、斜条纹领带，有让人放松、休闲的感觉
欢乐的场合	粉色衬衫搭配金属色袖扣，领带选用粉紫双色，可以让自己活力无限
重要的场合	灰色衬衫搭配银色袖扣，用亮银这种单色领带，打造沉稳、高贵的效果

6. 手表

手表，或称为腕表，是指戴在手腕上，用以计时/显示时间的仪器。手表通常利用皮革、橡胶、尼龙布、不锈钢等材料制成表带，将显示时间的"表头"束在手腕上。

佩戴手表意味着时间观念强、作风严谨。正式场合，手表除了实用，还体现身份和地位。正式场合所佩戴手表，造型应当庄重、保守，除了数字、商标、厂名、品牌外，手表上不要出现其他图案。

三、女士饰品搭配

1. 女士饰品搭配原则

饰品的选配应当与场合、身材、脸型、服装、身份等协调一致，总结起来要遵守表3-13的原则。

表3-13 女士饰品搭配原则

序号	原则	具体要求
1	场合原则	隆重、正式的场合，应选用档次较高的饰品；在公共场合，佩戴的饰物应精致而传统，以显示信誉。在商务场合，色彩鲜艳亮丽、造型新潮夸张的饰物，容易让人产生不信任感；而保守传统、做工精细的高档饰物，会给人以稳重的印象
2	数量原则	汽车商务人士佩戴首饰，应符合身份，数量以少为佳，一般全身不超过三种，每种不超过一件。有的女士一次佩戴太多首饰，如项链、耳坠、戒指、手链甚至加上一枚胸针，整体看起来既显累赘，又缺乏品位，同时还会分散注意力
3	身材原则	脖子粗短者，不宜戴多串式项链，而应戴长项链；相反，脖子较瘦细者，宜戴多串式项链，以使脖子显得短些。脸宽、圆形脸和戴眼镜的女士不宜戴大耳环和圆形耳环
4	协调原则	饰品佩戴的关键是将其与整体服饰搭配统一，佩戴风格与服装的风格相协调。例如，衣领较低的袒肩服饰需搭配项链，而竖领可不戴项链

2. 饰品搭配

（1）耳环　佩戴耳环要与脸型相适应。圆脸型的人适宜选用链式耳环，不要戴又大又圆的款式；方脸型的人适宜选用小耳环，不要戴过于宽的款式；长脸型的人适宜选用宽宽大大的耳环，不要戴过长而且下垂的耳环。肤色深的人宜用浅色耳环，肤色浅的人宜用深色耳环。

（2）项链　佩戴项链时，要注意与个人条件相配。脖子细长的女性适宜戴直径较细的项链；尖型脸或瓜子脸的女性，可选择较细、较短、秀气的项链；方型脸或圆脸的女性，宜选细长款项链。佩戴项链还要注意与服装相配，素色的衣裙可配色泽明艳、款式别致的项链，还要考虑与其衣色、衣式相宜与否的问题。

（3）戒指　戒指一般只戴一枚，而且戴在左手上。戒指有宽有窄，镶的宝石也有大有小。年轻女性戴戒指，以整镶大块宝石为佳。中年女性可戴大块宝石或小碎宝石拼镶的戒指。

（4）手镯与手链　手镯与手链都是手腕部的装饰品。手镯一般戴在右手上。宝石镶的手镯应紧贴在手腕的上部，只有成对的手镯才能同时戴在手腕上，戴手镯时不应同时戴手表。

（5）丝巾　丝巾讲究系法和展现效果，一般丝巾系法有单扣结和蝴蝶结等，每种系法如下：

1）单扣结系法。穿衬衣时用单扣结的系法，丝巾结要齐于领口，丝巾下部不可低于衣襟（图3-18），丝巾要保持干净平整，无污渍。

2）蝴蝶结系法。穿西装或大衣外套时用蝴蝶结系法。丝巾要保持干净平整，无污渍；蝴蝶结扣平整饱满，两侧翼大小适中，高低齐衬衣领口（图3-19）。这种系法要把丝巾三折系于衬衣领下，先打成单扣结下边一侧左手食指套住，上边一侧从底下向上结环，结好后整理、对镜自检。

图 3-18　单扣结系法

图 3-19　蝴蝶结系法

技能训练

汽车商务活动中饰品搭配的实训

1. 准备工作

汽车商务活动中饰品搭配的实训准备工作见表3-14。

表 3-14　汽车商务活动中饰品搭配的实训准备工作

场地准备	工具准备	课堂布置	教师、学生要求
礼仪训练室1间	4把椅子/组	4人/组，共计4组	着职业装
	4张桌子/组		
	镜子一面/组		
	饰品一套/组		

2. 分组活动

学生遵循饰品搭配的要点及原则进行男士、女士饰品搭配，见表3-15。

表 3-15　学生遵循饰品搭配的要点及原则进行男士、女士饰品搭配

完成项目	完成项目具体内容
遵循男士饰品搭配要求进行实践操作	
遵循女士饰品搭配要求进行实践操作	

3. 小组内交流讨论

同学们讨论男士/女士饰品搭配要点及原则进行恰当饰品搭配实践操作，进行现场轮流操作，直至组内每位成员都进行完毕，过程中其他人担任观察员，记录操作过程中的优点和不足，进行分享，最后每组选出最优的一人代表本组进行饰品搭配展示。

4. 展示评比

四个小组的代表依据饰品搭配要点及原则进行实操模拟演练，进行现场展示汇报，相互拍照，展示时间为5min/组。结束后，教师进行评价（表3-16），同时小组内自评、小组间进行互评（表3-17）。

5. 评价表

表3-16 教师评价表

序号	评价内容	评价标准	完成情况	
			是	否
1	知识评价	通过活动，考察学生是否掌握饰品搭配礼仪、原则		
		通过实操展示，考察学生是否掌握着装中搭配饰品的种类		
2	技能评价	观察学生汽车商务活动着装中是否学会合理选择饰品并合理进行搭配，塑造成功销售人员的品牌形象		
		通过着装模拟演练，观察学生是否学会饰品的正确打理，如打领带的方法、袖扣的处理方法、丝巾的正确打法等		
		观察学生能否独立完成饰品的选择和正确着装，塑造良好的品牌形象		
3	素养评价	学生是否具备正确的审美意识，提升辨别能力和观察能力		
		学生是否具备品牌形象意识，建立自身品牌价值，提升自身职业素养		

表3-17 小组内自评、小组间互评表

序号	评价标准	分值	得分
1	能够主动为完成任务进行资料查找、录制视频	30	
2	能够根据所学知识，理解并掌握男、女饰品搭配的要点	20	
3	能够根据查询资料成功模仿符合汽车销售与服务岗位的正确饰品搭配	30	
4	能够熟练使用操作要领，边操作边描述，并正确进行合理饰品搭配	20	
	合计得分		

1. 商务着装要求的由来
2. 商务着装原则

3. 男士西装分类及穿法
4. 男士正装中衬衫要点及操作要领
5. 女士着装分类
6. 女士正装礼仪要点及操作要领
7. 饰品定义及分类
8. 男士饰品搭配及不同饰品的价值
9. 男士打领带的要求及方法
10. 男士饰品搭配的种类
11. 女士饰品搭配原则
12. 女士饰品搭配的种类

一、填空题

1. 着装的原则主要有_____、_____，后者主要指_____、_____、_____。

2. 男士西装常见款式有_____、_____、_____、_____。

3. 着装中的 TOP 原则是指_____、_____、_____三个方面。

4. 男士着装中"三一定律"的"三"主要指_____、_____、_____。

5. 男士单排扣的西装上衣，最常见的有_____、_____、_____三种。

6. 男士双排扣的西装上衣，最常见的有_____、_____、_____三种。

7. 男士西装按版型分为_____、_____、_____、_____四类。

8. 男士西装的颜色常见色为_____、_____、_____三种。

9. 女士着装套裙要注意_____、_____、_____、_____。

10. 商务社交活动中佩戴在身上的饰品主要起到的作用是_____。

11. 饰品搭配中胸针的款式主要分为_____和_____两种。

12. 女士饰品搭配要符合_____、_____、_____、_____、_____五种原则。

二、选择题

1. 下列（　　）不属于着装原则中的 TOP 原则。
A. 时间　　　　　　B. 地点　　　　　　C. 颜色　　　　　　D. 场合

2. 下列属于着装三色原则的是（　　）。
A. 灰色、蓝色、黑色　　　　　　B. 灰色、米色、蓝色
C. 蓝色、灰色、咖色　　　　　　D. 灰色、咖色、米色

3. 下列属于男士西装上衣单排扣的类型的有（　　）。
A. 一粒扣　　　　　B. 两粒扣　　　　　C. 三粒扣　　　　　D. 四粒扣
4. 男士西装按版型分类，主要分为（　　）。
A. 欧版西装　　　　B. 美版西装　　　　C. 英版西装　　　　D. 日版西装
5. 男士西装常见色有（　　）。
A. 蓝、灰、黑　　　B. 蓝、灰、咖　　　C. 蓝、咖、灰条纹　D. 黑、咖、蓝
6. 下列属于女士正装衬衣常用的面料有（　　）。
A. 纯棉　　　　　　B. 真丝　　　　　　C. 雪纺　　　　　　D. 欧根纱
7. 下列属于女士裙装鞋袜正确搭配的是（　　）。
A. 穿裙子应当配长筒袜或连裤袜（忌光脚），颜色以肉色为宜
B. 冬天穿不透明的保暖丝袜
C. 夏天穿透明的丝袜
D. 袜子颜色与裤子、裙子颜色一致或相近为宜，袜口不能露在裙摆或裤脚外边（忌三截腿）
8. 下列饰品价值描述正确的有（　　）。
A. 帽子具有实用性　　　　　　　　　　B. 袖扣具有装饰性
C. 领带具有纪念价值　　　　　　　　　D. 手串、念珠等具有宗教意识
9. 为保证着装整体的和谐性，在口袋巾和领带搭配的时候，最恰当的顺序为（　　）。
A. 衬衫—领带—口袋巾　　　　　　　　B. 衬衫—口袋巾—领带
C. 口袋巾—领带—衬衫　　　　　　　　D. 口袋巾—衬衫—领带

三、简答题

1. 简述商务着装要求的由来。
2. 简述男士着装原则。
3. 简述男士西装的分类及穿法。
4. 描述男士正装中衬衫要点及操作要领。
5. 描述女士正装礼仪要点及操作要领。
6. 阐述男士打领带的要求及各种方法。
7. 描述男士饰品搭配种类。
8. 阐述女士饰品搭配的具体原则。
9. 阐述女士丝巾的几种系法。

学习领域四　汽车商务仪态礼仪

该学习领域主要是介绍汽车销售商务活动中相关人员的动作礼仪（如微笑、点头、持物）、姿态礼仪（站姿、坐姿、走姿、蹲姿）、迎客礼仪（举手）、座次礼仪等，上述标准礼仪可以打造汽车销售商务活动中良好的个人品牌形象，增强客户对品牌的认知度和忠诚度。

 单元一　汽车商务仪态动作礼仪

小张刚刚大学毕业，经学校推荐进入了长春市某家奥迪4S店做汽车销售顾问，由于小张人长得漂亮，稍稍淡妆就显露优雅自然，而且每天也都按照店内要求统一着装，来了店里工作了一段时间后，自己的客户留档率比其他同事低很多，此时小张有点疑惑了，这是什么原因呢？小张开始观察、反思，看到同事与客户联系时，不管是面谈，还是电话沟通，都频频与客户点头微笑。小张恍然大悟，知道自己哪里出了问题。请问，小张哪里有问题？你应该如何帮助小张来提升汽车销售中的接待能力？

目标名称	目标内容
理论知识	微笑的作用、要求及操作要领
	点头礼的要点及适用场合
	持物的要点及操作要领
技术能力	能够按照商务礼仪要求微笑、点头及持物
	能够熟练掌握动作礼仪操作要领
职业素养	培养学生正确的判断能力、理解能力和应用能力
	培养学生的高品质文化修养、高段位气质风度

汽车销售商务活动中仪态动作礼仪包含微笑、点头、持物等，标准的仪态动作礼仪可以

给客户留下深刻的印象,让汽车销售人员无论何时何地,与客户、与同事等都能展现自己最成功的良好形象,增强与客户黏性,从而促进销售成功,有利于团队协作。

一、微笑

微笑多指对事物心领神会后的小笑,而生成这种笑细胞的基因就是自信。微笑,是一种愉快心情的反映,也是一种礼貌和涵养的表现。在生活中处处都应有微笑,在工作岗位上只要把顾客当作自己的朋友来尊重,你就会很自然地向他发出会心的微笑,唯有这种笑,才是顾客需要的笑,也是最美的笑。

1. 微笑的作用

(1) **微笑可以感染客户** 汽车销售商务活动中,客户消费时看到您真诚的微笑,你是可以感染客户的,客户情绪需要安抚,你对她微笑,你是可以调整她的态度或者愉悦客户。

(2) **微笑能够激发热情** 微笑可传递出这样的信息:"见到你我很高兴,我愿意为你服务。"所以,微笑可以激发你的服务热情,让你为客户提供周到、细心、热情、主动的服务。

(3) **微笑可以增加创造力** 微笑可以使人处于一种轻松愉悦的状态,有助于思维活跃,从而创造性地解决客户的问题。相反,神经紧绷,越来越紧张,会扼杀创造力。

2. 微笑的要求

(1) **微笑要真诚** 发自内心的微笑应是口到、眼到、心到、意到、神到、情到,使真诚的微笑温暖人心,消除冷漠,获得客户的理解。

(2) **微笑要适度** 微笑的基本特征是不出声、不露齿、嘴角两端略提起。笑得文雅得体、笑得适度才是真正的微笑美,才能向客户充分表达友善、真诚。

(3) **微笑要适宜** 发挥微笑功能要注意场合和对象。与客户见面首先露出笑容,有助于拉近与客户的距离,提前渲染交谈氛围。

3. 保持微笑的方法

时刻保持微笑,对于每个人来说都是很难的一件事情,但可以找到方法让自己在合适的时候保持微笑,具体方法见表4-1。

表4-1 保持微笑的方法

序号	方法	具体内容
1	心态调整	微笑服务本身就是销售人员的基本工作职责和内容。每位销售人员都应该意识到,微笑服务是自信、阳光、规范、亲和力的外在表现
2	安装过滤器	工作中的烦恼偷走了你的微笑、人际关系偷走了你的微笑、生活的琐事偷走了你的微笑,安装一个情绪过滤器,把生活中、工作中不愉快的事情过滤掉
3	运用幽默	遇到烦恼的事情从反面设想,幽他一默,往往可以化解你的情绪,甚至使事情出现转机。而且幽默感不是天生就有的,而是可以通过练习,每个人都可以获得的
4	直接面对	需要道歉、需要压抑自尊,但可以帮助你解决问题,使你恢复轻松,那就直接微笑面对
5	他人诱导法	同事之间,通过一些有趣的笑料、动作引发对方发笑
6	情绪回忆法	通过回忆自己曾经的往事,幻想自己将要经历的美事引发微笑

(续)

序号	方法	具体内容
7	口型对照法	模仿相似性的发音口型,找到适合自己最美的微笑状态,如"一""茄子""呵""哈"等
8	习惯性伴笑法	强迫自己忘却烦恼、忧虑,假装微笑。时间久了,次数多了,就会改变心灵的状态,发出自然的微笑
9	牙齿暴露法	笑不露齿是微笑、露上排牙齿是轻笑、露上下八颗牙齿是中笑、牙齿张开看到舌头是大笑

4. 微笑训练

准备一面小镜子,做脸部运动。配合眼部运动,做各种表情训练,活跃脸部肌肉,使肌肉充满弹性;丰富自己的表情仓库;充分表达思想感情;观察、比较哪一种微笑最美、最真、最善,最让人喜欢、接近、回味;每天早上起床,经常反复训练;出门前,心理暗示"今天我真美、真高兴"。

二、点头

点头致意是一种常用礼节。左右邻居,早晚相见,不必握手,可以点头致意,表示友好,显示出一个人的风度、修养和礼数。

1. 点头的正确姿势

汽车销售商务活动中,正确的点头姿势应该是屈颈、收颌、上身可以微微前倾(图4-1)。"点头致意"有别于"点头同意","点头同意"古代称为颔首。

图4-1 正确的点头姿势

2. 点头礼仪的要点

做好点头礼仪,要掌握以下要点:

(1) **立正姿势** 做点头之势,要求要做"立正"姿势,这样表示正式、庄重,也是尊重和重视的一种体现。

(2) **目视对方** 点头礼仪要目视对方,既显示出你的自信也能够让对方接收到你来自于内心深处的交流信号。

（3）**真诚微笑** 真诚微笑是伴着目视对方而来的，这样可以突显你的真诚和友好；没有微笑地目视对方，会引起误会或者敌意。

（4）**点头示意** 点头示意，心领神会，表明你的态度和热情。

（5）**主动问候** 汽车销售商务活动中，要与客户主动打招呼，表现出与客户见面很高兴。在公众场合，千万不可一直盯着地方，既不说话，也不点头，那是没有礼貌的表现。

与客户初次接触，行点头礼仪，应该目光交流、面带微笑、上身前倾、问候打招呼，汽车销售商务活动中此法可以拉近与客户间距离。

3. 点头礼仪操作要领

标准的点头礼仪要求目光柔和，注视客户；上体前倾，以颈为轴；仪态大方，热情友好。

4. 点头礼仪适用场合

点头礼适用范围很广，如路遇熟人、与朋友会面于不宜交谈之公共场合、遇上多人而又无法一一问候之时，都可以点头致意。不同场合下的点头礼仪见表4-2。

表4-2 不同场合下的点头礼仪

序号	场合类型	具体内容
1	遇到领导长辈时	一般不宜主动伸出手去。合适的做法是点头致意，这样既不失礼，又可以避免尴尬
2	遇到交往不深者	和交往不深者见面，或者遇到陌生人又不想主动接触，通过点头致意，表示友好和礼貌，同时可以避免一些不必要的交往和纠缠
3	不便握手致意时	一些场合不宜握手、寒暄，就应该用点头致意，如会议的迟到者，不适宜与其他与会人员握手、打招呼；与落座较远的熟人，无法握手致意，只能用点头致意的方式
4	比较随便的场合	在会前会间的休息室、在上下班的班车上、在办公室的走廊上等场合，是不必握手致意甚至鞠躬的，只要轻轻点头致意就行

三、持物

汽车销售商务活动或者其他日常工作场合下，人们所持物品主要是文件夹等，那么如何正确合适地手持物品，保证完美的工作效果呢？

1. 持物要点

（1）**左手持文件夹** 工作中，一般右手常用来记录，所以文件夹要持在左手，互不影响。

（2）**文件夹开口朝上** 当接待客户时，手持接待文件夹，如果文件夹开口朝下，在记录时，需要将文件夹倒过来才能打开，而且这样的手持方式，文件内的文件也容易掉落，显示不够专业。

（3）**自然、不僵硬** 服务于客户，持物递交，动作要自然、轻柔，表现出友好、自信、专业和尊重。

2. 持物操作要领

汽车销售商务活动中，手持文件夹接待客户，文件夹内装入随时都可以用到的销售工具，如何专业、自然、轻柔、稳妥、到位、卫生的持物及展示，需要掌握持物的标准操作要领：文件夹靠住身体、不抱在胸前、不夹在腋下、不提在手上、左手手臂略弯曲（图4-2）。

图4-2 标准持物动作

汽车商务活动中动作礼仪的实训

1. 准备工作（表4-3）

表4-3　汽车商务活动中动作礼仪的实训准备工作

场地准备	工具准备	课堂布置	教师、学生要求
礼仪训练室1间	4把椅子/组	4人/组，共计4组	着职业装
	4张桌子/组		
	镜子一面/组		
	涉及的动作展示物品一套/组		

2. 分组活动

学生遵循汽车商务礼仪的方法和原则进行微笑、点头、持物等动作礼仪训练，见表4-4。

表4-4　学生遵循汽车商务礼仪的方法和原则进行微笑、点头、持物等动作礼仪训练

完成项目	完成项目具体内容
遵循商务礼仪的方法和原则进行微笑操作展示	
遵循商务礼仪的方法和原则进行点头操作展示	
遵循商务礼仪的方法和原则进行持物操作展示	

3. 小组内交流讨论

同学们讨论微笑、点头、持物等的商务礼仪要点及原则并进行模拟演练，直至组内每位成员都演练完毕，过程中其他人担任观察员，记录操作过程中的优点和不足，进行分享，最后每组选出最优的一人代表本组进行动作礼仪展示。

4. 展示评比

四个小组的代表依据动作礼仪展示要点及原则进行实操模拟演练，进行现场展示汇报，相互拍照，展示时间为5分钟/组。结束后，教师进行评价（表4-5），同时小组内自评、小组间进行互评（表4-6）。

5. 评价表

表4-5　教师评价表

序号	评价标准	完成情况	
		是	否
1	是否符合汽车销售商务活动各岗位特征		
2	是否能应用所学知识完成实训操作任务		
3	注意微笑、点头、持物的正确操作要领		
4	完成任务质量（模拟演练）高，并且效果好，符合汽车商务活动规范		

表 4-6　小组内自评、小组间互评表

序号	评价标准	分值	得分
1	能够主动为完成任务进行资料查找、录制视频	30	
2	能够根据所学知识，理解并掌握动作礼仪要点	20	
3	能够熟练操作微笑、点头、持物的动作礼仪，符合汽车销售与服务岗位的要求	30	
4	能够熟练使用操作要领，边操作边描述，并标准展示动作礼仪	20	
	合计得分		

单元二　汽车商务仪态姿态礼仪

小张刚刚大学毕业，经学校推荐进入了长春市某家奥迪 4S 店做汽车销售顾问，到店工作了一段时间，有一天经理突然找他谈话，让他先看了一段小张和其他同事在接待客户时的表现，后问小张："你看出别人与你有什么不同了吗？"小张意识到自己的问题，和经理表示，一定会快速改进。下面请你帮助小张来制订一份改进计划。

目标名称	目标内容
理论知识	站姿的要点及操作要领
	走姿的要点及操作要领
	坐姿的要点及操作要领
	蹲姿的要点及操作要领
技术能力	能够熟练掌握姿态礼仪要领
	能够按照商务礼仪姿态礼仪标准接待客户
职业素养	培养学生灵活应变能力及精益求精的工匠精神
	提高学生的文化修养和气质风度

汽车销售商务活动中，标准的姿态礼仪可以提升个人气质和形象，给客户留下深刻印象，同时也可以塑造品牌形象，提升客户的品牌忠诚度。

一、站姿

站姿是人的一种本能，是一个人站立的姿势，它是人们平时所采用的一种静态的身体造型，同时又是其他动态的身体造型的基础和起点，最易表现人的姿势特征。在交际中，站立姿势是每个人全部仪态的核心。如果站姿不够标准，其他姿势便根本谈不上优美。

1. 标准站姿

标准的站姿，从正面观看，全身笔直、精神饱满、两眼正视、两肩平齐、两臂自然下垂、两脚跟并拢，两脚尖张开60°、身体重心落于两腿正中；从侧面看，两眼平视、颌微收、挺胸收腹、腰背挺直、手中指贴裤缝、整个身体庄重挺拔。优美的站姿（图4-3）能显示个人的自信，衬托出美好气质和风度，并给他人留下美好印象。

图4-3 标准站姿

（1）手位 站立时，双手可取下列之一手位：双手置于身体两侧（图4-4）、右手搭在左手上叠放于体前（图4-5）、双手叠放于体后（图4-6）、一手放于体前另一手背在体后（图4-7）。

图4-4 双手置于身体两侧

图4-5 右手搭在左手上叠放于体前

图4-6 双手叠放于体后

图4-7 一手放于体前另一手背在体后

（2）脚位 站立时可采取以下几种脚位："V"字形（图4-8）、双脚平行分开不超过肩宽（图4-9）、小"丁"字形（图4-10）。

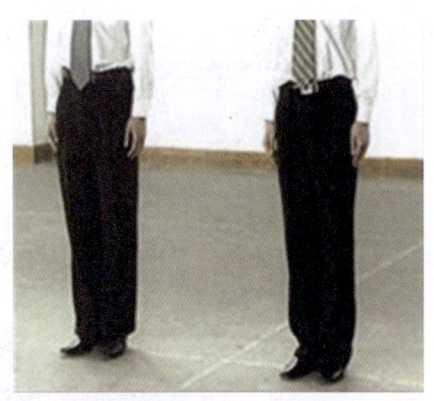
图 4-8 "V"字形

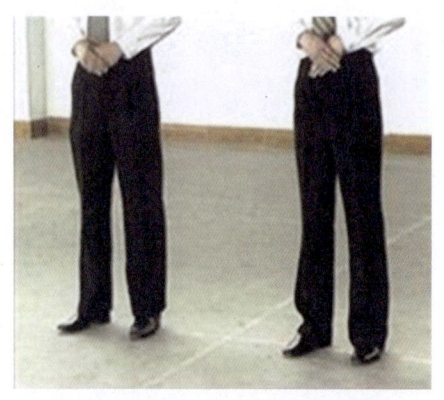
图 4-9 双脚平行分开不超过肩宽

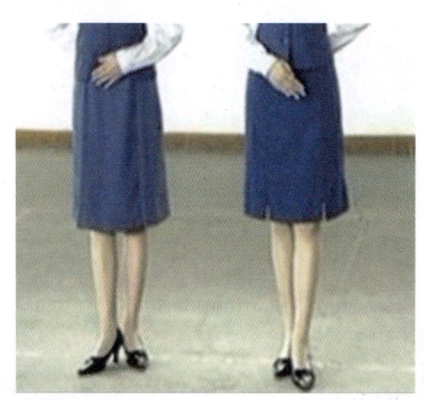
图 4-10 小"丁"字形

2. 男士基本站姿

男士基本站姿是身体立直、抬头挺胸、下颌微收、双目平视、嘴角微闭、双手自然垂直于身体两侧、脚跟靠紧，脚尖分开呈"V"字形；双脚平行分开、双手手指自然并拢、搭在左手上、轻贴于腹部，不要挺腹后仰；双脚平行分开，两脚之间距离不超过肩宽，一般以20厘米为宜、双手在身后交叉、右手搭在左手贴于臀部，如图4-11所示。

图 4-11 男士基本站姿

3. 女士基本站姿

女士基本站姿是身体立直、抬头挺胸、下颌微收、双目平视、嘴角微闭、面带微笑、双手自然垂直于身体两侧、双膝并拢、两腿绷直、脚跟靠紧、脚尖分开呈"V"字形（图4-12）。另一种是两脚尖略分开、右脚在前、两脚尖呈"V"字形、双手自然并拢、右手搭在左手上、轻贴于腹前（图4-13）。

图4-12 脚跟靠紧、脚尖分开呈"V"字形

图4-13 两脚尖略分开、右脚在前、两脚尖呈"V"字形

4. 练习站姿的注意事项

正确标准站姿的训练最好借助外物，如背靠墙、两人背靠背、头顶书本（图4-14）、对镜训练等方式。站立时的注意事项如下：

1）站立时，切忌东倒西歪，无精打采，懒散地倚靠在墙上、桌子上。
2）不要低着头、歪着脖子、含胸、端肩、驼背。
3）不要将身体的重心明显地移到一侧，只用一条腿支撑着身体。
4）身体不要下意识地做小动作。
5）在正式场合，不要将手插在裤袋里面，切忌双手交叉抱在胸前，或是双手叉腰。
6）男子双脚左右开立时，注意两脚之间的距离不可过大，不要挺腹翘臀。
7）不要两腿交叉站立。

图4-14 头顶书本、双腿夹纸练习站姿

二、走姿

走姿是人体所呈现出的一种动态,是站姿的延续。走姿是展现动态美的重要形式。走路是"有目共睹"的肢体语言。行走时面带微笑、目视前方、保持身体协调、姿势优美、步伐从容、步态平稳、步幅适中、步速均匀、走成直线(图4-15)。

1. 走姿的要点

正确的走姿(图4-16)要求头正、肩平、步位直、步幅适度、步速平稳,两脚滚动式运步,双臂以肩为轴前后自然摆动30°左右,手掌心向内。

图4-15 汽车销售活动中的走姿

图4-16 正确的走姿

2. 变向走姿的规范

(1)**后退步**(图4-17) 向他人告辞时,应先向后退两三步,再转身离去。退步时,脚要轻擦地面,不可高抬小腿,后退的步幅要小。转体时要先转身体,头稍后再转。

(2)**侧身步**(图4-18) 当走在前面引导来宾时,应尽量走在宾客的左前方。髋部朝向前行的方向,上身稍向右转体,左肩稍前,右肩稍后,侧身向着来宾,与来宾保持两三步的距离。当走在较窄的路面或楼道中与人相遇时,也要采用侧身步,两肩一前一后,并将胸部转向他人,不可将后背转向他人。

图4-17 后退步

图4-18 侧身步

行走和变向行走时遵守规范,切记不要方向不定,忽左忽右;体位失当,摇头、晃肩、扭臀;扭来扭去的"外八字"步和"内八字"步;左顾右盼,重心后坐或前移;与多人走路时,或勾肩搭背,或奔跑蹦跳,或大声喊叫等;双手反背于背后;双手插入裤袋。

3. 走姿的训练要点

优美走姿需要按要点强化训练,具体见表4-7。

表4-7 走姿训练要点

序号	要点	具体内容
1	腰部力量	行走属于动态美,腰部的控制力至关重要。练习时,双手固定于腰部,脚背绷直,跐脚正步行走
2	背部力量	脊背是行进中最美妙的音符,要练习脊背和脖颈的优雅。头顶上放一本书走路,保持脊背伸展和头正、颈直、目平,起步行走时,身体略前倾,身体的重心始终落于行进在前边的脚掌上,前边的脚落地、后边的脚离地的瞬间,膝盖要伸直,脚落下时再放松
3	步位步幅及摆臂	在地上画一条直线或利用地板的缝隙练习,两脚内缘的着力点力求落在直线两侧,通过不断的练习,保持好行走的轨迹和稳定性
4	协调性	使行走中身体的每一个部分都能呈现出律动之美,步伐要矫健、轻盈,富有稳定的节奏感

三、坐姿

正确坐姿,除遵循摆放双腿外,还应时时保持上半身挺直的姿势,也就是颈、胸、腰都要保持平直。头部以眼耳平面定位,眼睛平视前方,左、右大腿大致平行,膝弯曲大致成直角,足平放在地面上,手轻放在大腿上。

1. 常见坐姿及要领

(1) 男士坐姿

1) 男士常见坐姿及要领见表4-8。

表4-8 男士常见坐姿及要领

序号	样式	要领
1	标准式(图4-19)	上身挺直,双肩正平,两手自然放在两腿或扶手上,双膝并拢,小腿垂直落于地面,两脚自然分开成45°
2	前伸式(图4-20)	在标准式的基础上,两小腿前伸一脚的长度,左脚向前半脚,脚尖不要翘起
3	前交叉式(图4-21)	在标准式的基础上,小腿前伸,两脚踝部交叉
4	交叉后点式(图4-22)	在标准式的基础上,左右腿交叉,右脚在前,两脚脚尖点地,脚跟抬起
5	曲直式(图4-23)	在标准式的基础上,左小腿回曲,前脚掌着地,右脚前伸,双膝并拢
6	重叠式(图4-24)	右腿叠在左膝上部,右小腿内收,贴向左腿,脚尖下点

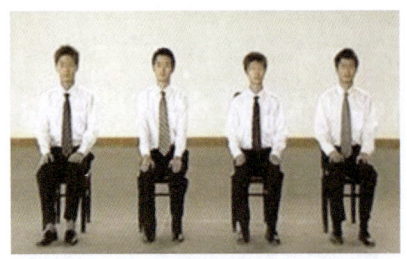

图 4-19　标准式

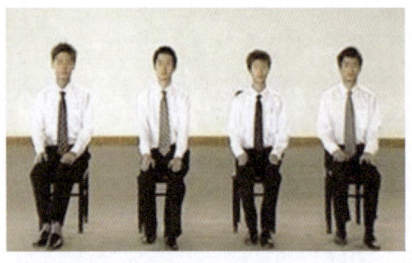

图 4-20　前伸式

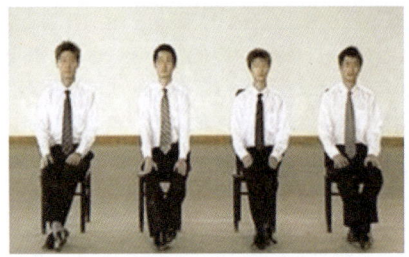

图 4-21　前交叉式

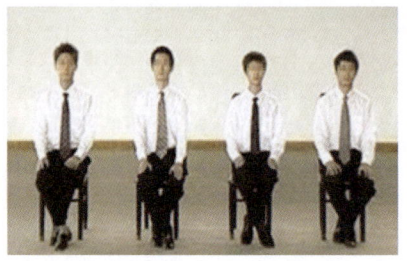

图 4-22　交叉后点式

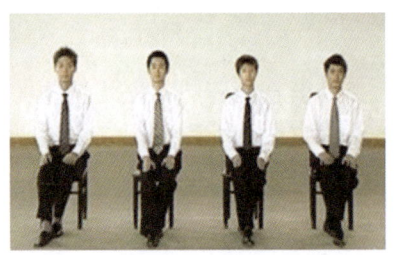

图 4-23　曲直式

图 4-24　重叠式

2）男士服务坐姿。汽车销售商务活动中，男士服务坐姿一般要求头部端正、双目平视、腰背部直立、双腿垂直、双膝分开，不超过肩宽、座椅 2/3 左右（图 4-25）。

图 4-25　男士服务坐姿

（2）女士坐姿

1）女士常见坐姿及要领见表4-9。

表4-9　女士常见坐姿及要领

序号	样式	要领
1	标准式 （图4-26）	抬头收颌，挺胸收肩，两臂自然弯曲，两手交叉叠放在偏左腿或是偏右腿的地方，并靠近小腹。两膝并拢，小腿垂直于地面，两脚尖朝正前方。着裙装的女士在入座时要用双手将裙摆内拢，以防坐出皱纹或因裙子被打褶而使腿部裸露过多
2	侧点式 （图4-27）	两小腿向左斜出，两膝并拢，右脚跟靠拢左脚内侧，右脚掌着地，左脚尖着地，头和身躯向左斜。注意大腿小腿要成90°的直角，小腿要充分伸直，尽量显示小腿长度
3	前交叉式 （图4-28）	在前伸式坐姿的基础上，右脚后缩，左脚交叉，两踝关节重叠，两脚尖着地
4	后点式 （图4-29）	两小腿后曲，脚尖着地，双膝并拢
5	曲直式 （图4-30）	右脚前伸，左小腿屈回，大腿靠紧，两脚前脚掌着地，并在一条直线上
6	侧挂式 （图4-31）	在侧点式基础上，左小腿后曲，脚绷直，脚掌内侧着地，右脚提起，用脚面贴住左踝，膝和小腿并拢，上身右转
7	重叠式 （图4-32）	在标准式坐姿的基础上，腿向前，一条腿提起，腿窝落在另一条腿的膝关节上边。要注意上边的腿向里收，贴住另一条腿，脚尖向下收起

图4-26　标准式

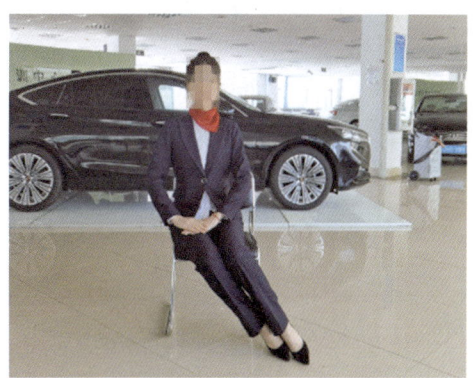

图4-27　侧点式

图4-28　前交叉式

图4-29　后点式

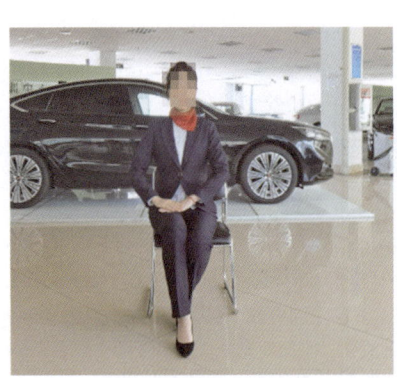
图 4-30　曲直式

图 4-31　侧挂式

2）女士服务坐姿。根据双腿位置不同，摆放不同，落座后一般要大腿并紧、双脚向左或向右侧斜放、腿部与地面成 45°夹角、两腿之间没有任何缝隙（图 4-33）。

图 4-32　重叠式

图 4-33　女士服务坐姿

2. 坐姿的训练要点及注意事项

（1）**正确坐姿的要求**　汽车销售商务活动中，坐姿要规范，一般要点有：入座时要轻稳；入座后上体自然挺直挺胸，双膝自然并拢，双腿自然弯曲，双肩平整放松，双臂自然弯曲，双手自然放在双腿上或椅子、沙发扶手上，掌心向下；头正、嘴角微闭，下颌微收，双目平视，面容平和自然；坐在椅子上，应坐满椅子的 2/3，脊背轻靠椅背；离座时，要自然稳当。

（2）**坐姿注意事项**　服务客户时，不仅要体现服务人员专业技能水平，还要体现服务品牌形象，要坐有坐相，落座后切记要给客户留下良好印象。具体注意事项见表 4-10。

表 4-10　坐姿注意事项

序号	注意事项
1	坐时不可前倾后仰或歪歪扭扭，坐沙发时不应太靠里面，不能呈后仰状态
2	双腿不可过于叉开，或长长地伸出
3	坐下后不可随意挪动椅子

(续)

序号	注意事项
4	不可将大腿并拢，小腿分开，或双手放于臀部下面；双手不要放在两腿中间
5	不可高架"二郎腿"或"4"字形腿，腿、脚不停抖动
6	脚尖不要指向他人，不要脚跟落地、脚尖离地
7	不要双手撑椅，与人谈话时不要用手支着下巴
8	不要把脚架在椅子或沙发扶手上，或架在茶几上
9	不要猛坐猛起

四、蹲姿

1. 蹲姿基本做法

正确蹲姿要求下蹲时左（右）脚在前，右（左）脚稍后（不重叠），两腿靠紧向下蹲。左（右）脚全脚着地，小腿基本垂直于地面，右（左）脚脚跟提起，脚掌着地。右（左）膝低于左（右）膝，右（左）膝内侧靠于左（右）小腿内侧，形成左（右）膝高右（左）膝低的姿态，臀部向下，以膝低的腿支撑（图4-34）。

图4-34　正确蹲姿

2. 常见蹲姿

（1）**交叉式蹲姿**　下蹲时，右（左）脚在前，左（右）脚在后，右（左）小腿垂直于地面，全脚着地，左（右）腿在后与右（左）腿交叉重叠，左（右）膝由后面伸向右（左）侧，左（右）脚跟抬起，脚掌着地，两腿前后靠紧，合力支撑身体；臀部向下，上身稍前倾（图4-35）。

（2）**单跪式蹲姿**　单跪式蹲姿用于下蹲时间较长或为了用力方便时。下蹲后，一腿单膝点地，臀部坐其脚跟之上，而以其脚尖着地；另一条腿，则应当全脚着地，小腿垂直于地面，双腿尽力靠拢（图4-36）。

图4-35　交叉式蹲姿

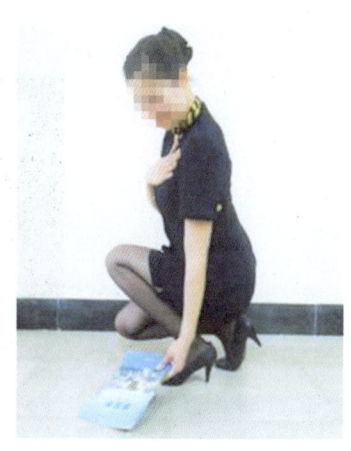

图4-36　单跪式蹲姿

3. 蹲姿礼仪要点

汽车销售商务活动中，蹲姿要保持与客户适中的距离，下蹲时侧对客户、上身挺直、双膝适度分开、右（左）腿支撑身体；女性两腿靠紧（图4-37），男士可适当分开（图4-38）。

图4-37　汽车销售中女士蹲姿

图4-38　汽车销售中男士蹲姿

4. 蹲姿注意事项

正确蹲姿可以展现个人素养，蹲姿注意事项见表4-11。

表4-11　蹲姿注意事项

序号	注意事项	要领
1	勿离人太近	下蹲时，不要离人太近，应与身边的人保持一定的距离，避免彼此迎头相撞，并且速度也不要太快，冒冒失失地下蹲也不符合礼仪要求
2	注意下蹲的方位	避免在别人身体正前方或正后方下蹲，最好选择与别人侧身相向的方向下蹲，正前方下蹲有失礼貌
3	避免暴露身体隐私	对于穿着套裙的女士而言，下蹲的时候一定要避免个人身体隐私暴露在外。这不仅是对别人不礼貌的行为，还会影响自己形象

5. 蹲姿要点

行蹲姿礼仪时，要迅速、美观、大方。若用右手捡物品，可以先走到物品的左边，右脚向后退半步后再蹲下来，这样可以脊背保持挺直。另外，臀部一定要蹲下来，避免弯腰翘臀的姿势。男士两腿间可留有适当的缝隙，女士则要两腿并紧，穿旗袍或短裙时需更加留意，以免尴尬（图4-39）。

图4-39　女士拾物蹲姿

汽车商务活动中姿态礼仪的实训

1. 准备工作（表 4-12）

表 4-12　汽车商务活动中姿态礼仪的实训准备工作

场地准备	工具准备	课堂布置	教师、学生要求
礼仪训练室 1 间	4 把椅子/组	4 人/组，共计 4 组	着职业装
	4 张桌子/组		
	镜子一面/组		
	T 型台		

2. 分组活动

学生遵循汽车销售商务活动中动作礼仪的要点及操作要领，现场进行站姿、走姿、坐姿和蹲姿礼仪训练，见表 4-13。

表 4-13　学生进行站姿、走姿、坐姿和蹲姿礼仪训练

完成项目	完成项目具体内容
男士/女士站姿	
男士/女士走姿	
男士/女士坐姿	
男士/女士蹲姿	

3. 小组内交流讨论

同学们讨论遵循汽车销售商务活动中动作礼仪的要点及操作要领，现场进行站姿、走姿、坐姿和蹲姿等礼仪的训练并进行模拟演练，直至组内每位成员都演练完毕，过程中其他人担任观察员，记录操作过程中的优点和不足，进行分享，最后每组选出最优的一人代表本组进行动作礼仪展示。

4. 展示评比

四个小组代表依据汽车销售商务活动中动作礼仪的要点及操作要领进行实操模拟演练，现场展示汇报，相互拍照，展示时间为 5 分钟/组。结束后，教师进行评价（表 4-14），同时小组内自评、小组间进行互评（表 4-15）。

5. 评价表

表 4-14　教师评价表

序号	评价标准	完成情况	
		是	否
1	是否符合汽车销售商务活动各岗位要求		
2	是否能应用所学知识完成实训操作任务		

(续)

序号	评价标准	完成情况	
		是	否
3	是否注意到站姿、走姿、坐姿和蹲姿正确的操作要领		
4	完成任务质量（模拟演练）高，并且效果好		

表 4-15　小组内自评、小组间互评表

序号	评价标准	分值	得分
1	能够主动为完成任务进行资料查找、录制视频	30	
2	能够根据所学知识，理解并掌握姿态礼仪的要点及注意事项	20	
3	能够遵循操作要领，熟练进行站姿、走姿、坐姿和蹲姿等姿态礼仪展示，符合汽车销售与服务岗位的要求	30	
4	能够熟练掌握姿态礼仪标准，边操作边描述，并标准展示姿态礼仪	20	
	合计得分		

单元三　汽车商务仪态迎客礼仪

小张刚刚大学毕业，经学校推荐进入了长春市某家奥迪 4S 店做汽车销售顾问，到店工作了一段时间，方方面面做得还不错，业绩也还好。突然有一天经理找小张谈话，说接到了一个客户的投诉抱怨电话："进店好长时间，没人接待，后来有人接待了，没给我名片也没提供饮品，我大概在店里停留时间为 30 分钟，感觉服务接待人员很冷漠，后有事就走了，离开时候也没人和我打招呼。"经理说查看了监控，是小张的岗，问怎么会出现这种情况，让小张回去反思并写整改计划。请你帮助小张来制订一份改进计划。

目标名称	目标内容
理论知识	迎客的要点及操作要领
	握手的要点及操作要领
	引领的要点及操作要领
	递物的要点及操作要领
	送客的要点及操作要领
技术能力	能够熟练掌握迎客时各种礼仪的要点及操作要领
	能够按照商务礼仪迎客礼仪标准接待及送别客户
职业素养	培养学生灵活应变能力及精益求精的工匠精神
	提高学生的文化修养和气质风度

学习领域四　汽车商务仪态礼仪　　67

 知识准备

汽车销售商务活动中，标准的迎客礼仪可以使客户心情愉悦，内心愿意主动与之接触并留下深刻印象，同时也可以塑造品牌形象，提升客户对品牌的忠诚度，增加客户黏性。

一、迎客

1. 迎客礼仪

（1）迎客礼仪要点　初次见面要行点头礼，迎客礼仪要点为：五步目迎、三步问候、点头示意、真诚微笑、目光正视。通俗来说就是要目光交流、面带微笑、上身前倾及问候语。

服务接待人员在迎接客人的时候要始终面带恰到好处的微笑，表现出礼貌、亲切、含蓄、妥帖等。但是，笑脸也不能过头，切忌不合时宜的大笑，否则会让客人感到莫名其妙，从而产生排斥感。此时最适宜的微笑就是两嘴角微微上扬，不露齿的轻度微笑。

（2）迎客礼仪操作要领　生活中、商务活动中礼迎客户，其操作要领要求人们做到目光注视对方的面部三角区、立正姿势问候、上身前倾、微微点头、问候语吐字清晰。

2. 眼神

点头问候结束要进行眼神交流，这是"目迎"。目迎的含义是行"注目礼"。

（1）眼神的作用及要点　迎客人员要专注，注意到客人已经过来了，身体要转向客人，用眼神来表达关注和欢迎。精致化的服务能够贯彻到眼神和表情。服务要整体表达出真诚，眼神也要流露对顾客的感情，这样才能让客户感受深刻。还要表现出贴切、真诚、热忱、关注等感情，努力做到"眼睛会说话"。反之，眼神呆若木鸡，服务就会显得生硬。

注目礼的距离以五步为宜，在距离三步的时候就要问候"您好，里面请"等。

（2）眼神的运用　眼神也叫作目光，在运用的时候切忌盯视和睐视。具体应该如何运用眼神见表4-16。

表4-16　眼神的运用

序号	场合	操作
1	注视客人时	应该把目光放在客人脸上的大三角区（以两眼为底线、额中为顶角形成的三角区）以表尊重
2	问候和交流中	要做到"散点柔视"，即应将目光柔和地照在别人的整张脸上，而不是聚焦于对方的眼睛
3	双方沉默不语时	应将目光移开

二、握手

握手时要向对方点头，表示对对方的尊重；或者用力摇晃几下，以示热情。

1. 握手礼仪要点

（1）握手的姿势　纯礼节的握手姿势：距对方约一步远，上身稍向前倾，两足立正，双目注视对方，面带笑容，头微低，伸出右手，四指并拢，虎口相交，拇指轻抚对方手背，手掌处于垂直状态，掌心向左稍用力握住对方手掌（图4-40）。

(2) 握手的时间 握手的时间不宜过长或过短，两手交握3~5秒，上下晃动最多两次是较为合适的。一触即把手收回，有失大方；握着他人的手不放则会引起对方的尴尬。男士与女士握手的时间要稍短一些。

(3) 握手的力度 握手的力度能够反映出人的性格。力度太大会显得人鲁莽有余、稳重不足；力度太小又显得有气无力、缺乏生机。因此，建议握手的力度把握在使对方感觉到自己稍加用力即可。不宜握得太紧太久。男士与女士握手用力要轻一些，不可把女士的手捏疼。

图 4-40 握手的姿势

(4) 握手时的眼神和表情 在握手的同时要注视对方，态度真挚亲切，切不可东张西望、漫不经心。握手时的表情应该是微笑致意或问好，微笑能够在任何场合为任何礼节增添无穷的魅力，握手的同时给对方一个真诚的微笑，会使气氛更加融洽，使握手礼更加圆满。

2. 握手礼仪的操作要领

(1) 热情友好，眼神友善 握手时间短，短暂的握手接触要给对方留下热情、真诚和友好的印象。

(2) 以客为尊，手部干净 握手时，年轻者对年长者、职务低者对职务高者都应稍稍欠身相握；有时为表示特别尊敬，可用双手迎握；男士与女士握手时，一般只宜轻轻握女士手指部位，男士握手时应脱帽。

握手时手应该清洁干净，手上有水或不干净时，解释并谢绝握手。

(3) 不带手套，不带墨镜 不要在握手时戴着手套（社交场合中女士除外），不要在握手时戴着墨镜。

三、引领

1. 引领方式

引领时，不同地点引领方式有所不同，具体见表4-17。

表 4-17 不同地点的引领方式

序号	场合	操作
1	楼梯的引领	引领客人上楼时，应让客人走在前面，服务接待工作人员走在后面，若是下楼时，应该由接待工作人员走在前面，客人在后面。上下楼梯时，应注意客人的安全
2	电梯的引领	引领客人乘坐电梯时，服务接待人员先进入电梯，等客人进入后关闭电梯门，到达时，接待人员按"开"的按钮，让客人先走出电梯
3	展厅里的引领	客人走入展厅，服务接待工作人员用手指示，请客人坐下，客人坐下后，行点头礼后离开。如客人错坐下座，应请客人改坐上座（一般靠近门的一方为下座）
4	走廊上的引领	服务接待工作人员在客人二三步之前，客人走在内侧

2. 引领礼仪的要点及操作要领

(1) 引领礼仪的要点 汽车销售商务活动中，引领礼仪的要点是面带微笑，目光正视客户；引领客户指引的时候要五指并拢，保证引领明确；引领语言要保证吐字清晰，举止大方。

（2）引领礼仪的操作要领

1）左侧引领，领先半步。引领客人时，两人并行，以右为上，请客人走在自己的右侧，为了指引道路，在拐弯时，应前行一步，并伸手指引（图4-41）。

2）腰部调度，手臂弧形。引领时腰部适时用力调整上身角度，使引领者能够关注客户，引领时候手臂稍稍弯曲成弧形（图4-42）。

图4-41 左侧引领

图4-42 引领时手臂弧度

3）双脚并拢，关注客户。引领时需要站定双脚并拢，待客人起步，服务接待人员在左侧先客户一臂的距离关注客户，与客户边交谈边引导"您这边请"。此时掌心稍微倾斜向上，四个手指自然地并拢并伸直，大拇指微微地弯曲。

四、递物

1. 递名片

（1）递名片的礼仪要点

1）双手呈递。递送名片时候双手为宜、递于手中、主动上前（图4-43）、方便接拿。

2）文字正向对方。递送名片时候，名片的文字正向要面对客户一方（图4-44）。

图4-43 主动上前双手递名片

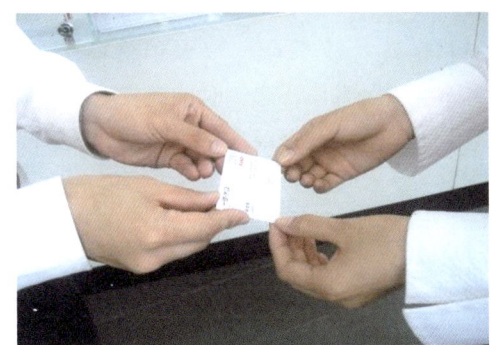

图4-44 名片文字正向对方

3）自我介绍。递送时进行自我介绍："我叫××，现在××部门，这是我的名片，"或是

"我的名片,请您收下"之类的客气话。此外,自己的名字如有难读或特别读法的,在递送名片时不妨加以说明,同时顺便把自己"推销"一番,这会使人有亲切感。

4) 注意先后顺序。地位低者先向地位高者递名片,男士先向女性递名片,当对方不止一人时,应先将名片递给职务高者或年龄长者,如分不清职务高低、年龄大小,宜先和自己左侧的人交换名片,然后按顺时针进行。

(2) 递送名片礼仪　递送名片应起立或欠身用双手递送名片,面带微笑,注视对方,双臂自然伸出,四指并拢,用双手的拇指和食指分别持握名片上端的两角送给对方。

(3) 接收名片礼仪

1) 面带微笑,态度谦和。接收名片时应起身或欠身,面带微笑,用双手接住名片的下方两角,接过名片后应致谢。

2) 认真阅读,重视尊重。认真看一遍表示对对方的重视,可将对方的姓名职衔念出声来,并抬头关注一下对方脸庞,使对方产生一种受重视的满足感,若有不会读的字,应当场请教。

3) 精心存放,切勿漏带。交换名片后需要坐下来交谈,此时应将名片放在桌子上最显眼的位置,十几分钟后自然地放进名片夹,切忌用别的物品压住名片和在名片上做谈话笔记,离开时勿漏带。

4) 未能交换,歉意解释。接受对方名片后,如没有名片可交换,应向对方表示歉意、主动说明,告知联系方式。"很抱歉,我没有名片""对不起,今天带的名片用完了,过几天会寄一张给您"。

(4) 索取名片礼仪　最好不要直接开口向他人索要名片,但有其他原因想要索取对方名片时,可以运用一下技巧:

1) 暗示法。主动递上自己的名片(如:你好!这是我的名片)待对方接收名片后,暗示一句:"以后多保持联系或请多关照。"暗示一下对方。

2) 明示法。我们可互赠名片吗?或很高兴认识你,不知能不能跟您交换一下名片?

3) 含蓄法。此方法一般向地位高者或者长辈索取名片,可以说:"久仰大名,不知以后怎么向您请教?或很高兴认识您!以后向您讨教,不知如何联系?"

2. 递笔

递笔的动作看似简单,但如违反礼仪标准,特别是客户签单时,很有可能造成客户弃你而去。

(1) 递笔礼仪要点　汽车销售商务活动中,不管对同事、对客户,递笔时的礼仪要点为双手为宜,递于手中,主动上前,方便接拿,尖或刃向内(图4-45)。

(2) 递笔礼仪动作要领　递笔动作要保持稳妥、保安全、轻拿放、防伤人,保证始终如一的服务标准。

图4-45　递笔礼仪要点展示

3. 递送饮品

汽车商务活动中,客户到店,要为客户提供三种以上免费饮品,在递送过程中涉及多种物品的操作及多种活动姿势的操作要领,具体见表4-18。

表 4-18　递送饮品过程中物品及姿态的操作要领

序号	物品及姿态	操作要领
1	托盘位置	左手托茶盘、小臂与大臂成 90°、在腰际旁、站立、挺胸、收腹、微笑（图 4-46）
2	站姿	站在客户右后侧、上身略微前倾、面带微笑，并清晰表达"您好！请用茶"
3	递茶水	动作协调、右手递茶、同时出右腿、左手后撤茶盘
4	收手站立	双脚呈"Y"形标准站姿、手臂收回自然垂放于体侧
5	出手示意	右手五指并拢，指向茶杯；目光向着客户说："请用茶！"（图 4-47）
6	退步离开	收手立正姿态、左脚后退半步、然后正步离开

图 4-46　递送饮品托盘位置及站姿

图 4-47　递送饮品手势

五、送客

汽车销售商务活动中，无论客户是否成功购车，作为汽车销售人员都期望与之保持友好亲密的关系，为未来销售或者再销售做好铺垫，那么在客户离店时候，汽车销售人员一定要礼貌送客：送客户出门，摆手示意"再见"并目送客户离开，直至消失在客户视线。

1. 送客礼仪行为要点

送客的礼仪行为要点主要有面带微笑、送出门外；挥手示意、目送离去；使用敬语："慢走，感谢光临！"

2. 送客礼仪行为操作要领

标准的送客行为需要平时反复强化训练，送客行为的训练操作要领是身体站直，目视对方；右手或双手手臂前伸；掌心朝外，左右挥动（图 4-48）。

送客时除了上述动作要领外，还应该做到出迎三步，送客七步。这是礼仪，也是态度。就是说送客时不能送出门就不管了，而应该多送几步以表礼貌，也使对方感到亲切；但送多了也不好，客户会觉得有所图谋或死缠烂打，七步最多。

图 4-48　送客操作要领

汽车商务活动中迎客礼仪的实训

1. 准备工作（表 4-19）

表 4-19　汽车商务活动中迎客礼仪的实训准备工作

场地准备	工具准备	课堂布置	教师、学生要求
礼仪训练室 1 间	4 把椅子/组	4 人/组，共计 4 组	着职业装
	4 张桌子/组		
	镜子一面/组		
	迎客物品（名片）一盒/组		

2. 分组活动

学生遵循汽车销售商务活动中迎客礼仪的要点及操作要领，现场进行迎客、握手、引领、递物、送客等礼仪的训练，见表 4-20。

表 4-20　学生现场进行迎客、握手、引领、递物、送客等礼仪的训练内容

完成项目	完成项目具体内容
迎客	
握手	
引领	
递物	
送客	

3. 小组内交流讨论

同学们讨论学生遵循汽车销售商务活动中迎客礼仪的要点及操作要领，并现场进行迎客、握手、引领、递物、送客等礼仪的训练和模拟演练，直至组内每位成员都演练完毕，过程中其他人担任观察员，记录操作过程中的优点和不足，进行分享，最后每组选出最优的一人代表本组进行迎客礼仪展示。

4. 展示评比

四个小组的代表遵循汽车销售商务活动中迎客礼仪的要点及操作要领，现场进行迎客、握手、引领、递物、送客等礼仪展示汇报，相互拍照，展示时间为 5 分钟/组。结束后，教师进行评价（表 4-21），同时小组内自评、小组间进行互评（表 4-22）。

5. 评价表

表 4-21　教师评价表

序号	评价标准	完成情况	
		是	否
1	是否符合汽车销售商务活动各岗位特征		
2	是否能应用所学知识完成实训操作任务		

(续)

序号	评价标准	完成情况	
		是	否
3	注意眼神、握手、引领、递物、送客等礼仪动作的正确操作要领		
4	完成任务质量（模拟演练）高，并且效果好		

表 4-22　小组内自评、小组间互评表

序号	评价标准	分值	得分
1	能够主动为完成任务进行资料查找、录制视频	30	
2	能够根据所学知识，理解并掌握姿态礼仪的要点及操作要领	20	
3	能够熟练操作眼神、握手、引领、递物、送客等礼仪动作标准，符合汽车销售与服务岗位的特征	30	
4	能够熟练操作边操作边描述，并标准展示迎客礼仪中迎客、眼神、握手、引领、递物、送客等礼仪行为	20	
	合计得分		

单元四　汽车商务仪态座次礼仪

 学习情景

　　小张刚刚大学毕业，经学校推荐进入了长春市某家奥迪 4S 店做汽车销售顾问，或许由于小张的外在形象、言谈举止等都很优秀，所以也带来了很好的运气，上岗第一天就有客户直接找她来接待。小张忐忑又开心，引领客户落座，自己也紧张地坐到了客户的右侧，之后又应客户要求带客户参观了店内。当进入电梯时候，为了表示尊重，小张礼貌地请客户先进，客户脸露不悦之色，之后便离开了。小张有点摸不着头脑，去找师傅询问情况，如果你是小张的师傅，请你帮小张分析其中的问题出现在哪里？

 学习目标

目标名称	目标内容
理论知识	座次基本理念
	座次排序原则
	服务座次礼仪
	不同形式服务座次礼仪要点
技术能力	能够熟练掌握服务座次礼仪的要点及操作要领
	能够按照商务礼仪中座次礼仪标准服务客户
职业素养	培养学生精益求精的工匠精神和人文素养
	提升学生的文化修养与气质风度

汽车销售商务活动中，标准的座次礼仪可以使客户感受到备受尊重与关爱，从而给尊贵的客户留下良好印象，促进销售成功。

一、座次基本理念

礼仪规矩，更多用于招呼客人和正式场合，如国内、国际政府会议及公务场合，座位讲究左高；一般商务场合及国际交往中，座位以右为尊。

中国人常说男左女右，体现出一种男尊女卑，女性的地位不高。但是外国朋友如果看到中国人的结婚照片（男左女右），反而会以为女主人地位很高。所以，座次遵循的规则是：地方交往、社交活动，要按照约定俗成的做法；国际交往中，要按照国际惯例进行表达。

二、座次排序原则

座次的排序原则一般为：以右为上（遵循国际惯例）、以中为上（中央高于两侧）、以前为上（适用所有场合）、以远为上（远离房门为上）、以面门为上（良好视野为上）（图4-49）。

座次排序一般都会涉及"左"和"右"，"左"和"右"如何确定为"上"位，具体见表4-23。

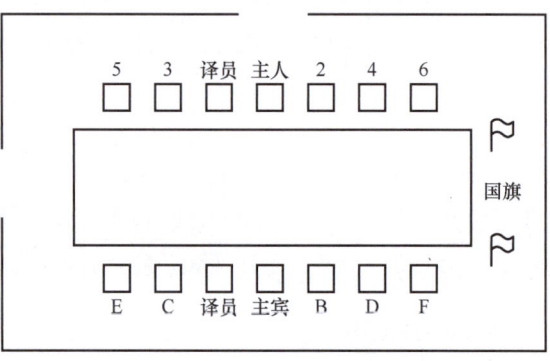

图4-49　座次排序展示图

表4-23　确定"左"和"右"为"上"的技巧

序号	位置	具体情景
1	面门为上	如果在室内活动，面对房间正门的位置是上座
2	居中为上	就是中央高于两侧
3	以右为上	我国传统习俗，在我国政务礼仪中比较通行，一般的社交场合和商务交往乃至国际交往中，现在都是遵守国际惯例，而国际惯例都是以右为上。但偶尔会出现"以左为上"，如陪同客人行进要把靠墙侧让给客人
4	前排为上	各种会议，都是第一排的人位置高
5	以远为上	距离房间正门越远，位置越高；距离房间正门越近，位置越低

三、服务座次礼仪要点

1. 服务座次礼仪

汽车销售商务活动、宴会、生活中都需要接待客人、客户，礼宾接待人员"来者"先坐，也就是"客户先坐"，而且是"左侧入座、右侧离座"。

2. 服务座次遵循原则的来源

在古时的西方，男女都佩剑防身。这个传统如今依然可以在某些欧洲王室的护卫队演习中看得到。佩剑是挂在左腰间的，为了使剑身不妨碍入座，当时的人们都有站在椅子的左边，然后右脚向前跨一步后入座的习惯。沿袭至今，这个站在椅子左侧的入座方式也自然而然成了入座礼仪的一部分。

源于古时西方入座的传统，在离座时则宜在椅子的右边离去，也较顺应人体的活动习惯。起身后，优雅的站立，右脚向椅子右方迈出，左脚跟随其后，然后右脚向左脚并拢，双手扶椅背将椅子靠回桌旁。

四、不同形式服务座次礼仪要点

在汽车销售商务活动中、商务会谈中等不同场合，需要提供不同的服务形式，如引导客户乘车、进出电梯行进、上下楼梯行进、出入房间等，都需要掌握相应的礼仪要点，具体见表4-24。

表4-24 不同形式服务座次安排礼仪要点

序号	场合	礼仪要点
1	乘车时	根据驾车人的不同确定座位的尊卑座次 1) 驾驶人驾驶时，以后排右侧为首位，左侧次之，中间座位再次之，前排座位右侧副驾驶人是末座，前排中间为末席（图4-50） 2) 主人亲自驾驶，以驾车人座右侧为首位，后排右侧次之，左侧再次之，而后排中间座位为末席，前排中间座位则不宜再安排客人（图4-51） 3) 主人夫妇驾车时，则主人夫妇坐前座，客人夫妇坐后座，男士要服务于自己的夫人，宜开车门让夫人先上车然后自己再上车 4) 主人夫妇搭载友人夫妇的车，则应邀友人夫妇夫坐前座，友人之妇坐后座，或让友人夫妇都坐前座 5) 主人亲自驾驶，坐客只有一人，应坐在主人旁边。若同坐多人，中途坐前座的客人下车后，在后面坐的客人应改坐前座 注：接送客人上车，先主宾后随员、先女宾后男宾，让客人先行；若是贵宾，则应一手拉开车门，另一手遮挡门框上沿（但信仰伊斯兰教和佛教的不能遮挡），到达目的地停车后，自己应先下车开门，再请客户下车；主人亲自驾车，前排座位绝不能空着；上下车应动作轻缓，避免大步跨上跨下；女士下车要"脚先头后"
2	平面行进时	两人横向行进，内侧高于外侧 多人并排行进，中央高于两侧 对于纵向来讲，前方高于后方
3	上下楼梯行进时	1) 纵向：上下楼时宜单行进行，以前方为上。把选择前进方向的权利让给对方 2) 男女同行时，一般女士优先走在前方。但如遇到着裙装（特别是短裙）的女士，上下楼时宜令女士居后 3) 横向：陪同人员应该把内侧（靠墙一侧）让给客人，把方便留给客人 4) 在上下楼梯时，应当右侧上行，左侧下行
4	进出电梯行进时	无人操作电梯，陪同人员先进后出 有人操作电梯，陪同人员后进后出
5	出入房间行进时	一般客人或位高者先出入，表示对宾客的尊重。如有特殊情况时，如双方均为首次到一个陌生房间，陪同人员宜先入房门

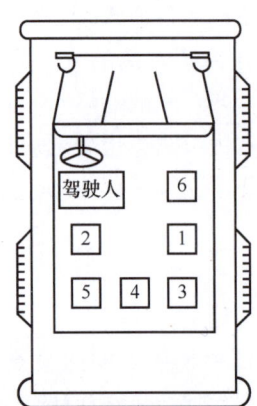
图 4-50　驾驶人驾车

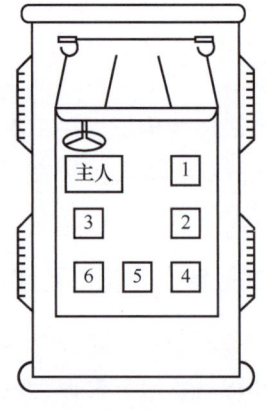
图 4-51　主人驾车

汽车商务活动中座次礼仪的实训

1. 准备工作（表 4-25）

表 4-25　汽车商务活动中座次礼仪的实训准备工作

场地准备	工具准备	课堂布置	教师、学生要求
礼仪训练室 1 间	4 把椅子/组	4 人/组，共计 4 组	着职业装
	4 张圆桌/组		
	4 张长方桌/组		
	镜子一面/组		

2. 分组活动

根据汽车销售商务活动中座次礼仪的要点及操作要领，现场进行不同形式（座位、乘车、平面行进、上下楼梯、进出电梯、出入房间）服务礼仪的实践操作，见表 4-26。

表 4-26　现场进行不同形式服务礼仪的实践操作内容

完成项目	完成项目具体内容
座位座次训练	
乘车座次训练	
平面行进礼仪训练	
上下楼梯、进出电梯礼仪训练	
出入房间礼仪训练	

3. 小组内交流讨论

同学们讨论依据汽车销售商务活动中座次礼仪的要点及操作要领，现场进行不同形式（座位、乘车、平面行进、上下楼梯、进出电梯、出入房间）服务礼仪的实践模拟演练，直至组内每位成员都演练完毕,过程中其他人担任观察员,记录操作过程中的优点和不足,进行分享,最后每组选出最优的一人代表本组进行座次礼仪展示。

4. 展示评比

四个小组的代表遵循汽车销售商务活动中座次礼仪的要点及操作要领,现场进行不同形式的座次及服务礼仪展示汇报,相互拍照,展示时间为 5 分钟/组。结束后,教师进行评价(表 4-27),同时小组内自评、小组间进行互评(表 4-28)。

5. 评价表

表 4-27　教师评价表

序号	评价标准	完成情况	
		是	否
1	是否符合汽车销售商务活动各岗位特征		
2	是否能应用所学知识完成实训操作任务		
3	注意座位、乘车、平面行进、上下楼梯、进出电梯、出入房间等服务座次礼仪动作的正确操作要领		
4	完成任务质量(模拟演练)高,且效果好		

表 4-28　小组内自评、小组间互评表

序号	评价标准	分值	得分
1	能够主动为完成任务进行资料查找、录制视频	30	
2	能够根据所学知识,理解并掌握座次礼仪的要点及操作要领	20	
3	能够熟练操作座位、乘车、平面行进、上下楼梯、进出电梯、出入房间等服务座次礼仪行为标准,符合汽车销售与服务岗位的特征	30	
4	能够熟练边操作边描述,并标准展示座次礼仪中座位、乘车、平面行进、上下楼梯、进出电梯、出入房间等服务座次等礼仪行为	20	
合计得分			

知识小结

1. 微笑的作用、要求及保持微笑的方法
2. 点头的正确姿势及点头礼仪要点和操作要领
3. 持物的要点及操作要领
4. 标准站姿对手位和脚位的要求
5. 男士基本站姿
6. 女士基本站姿
7. 站姿的注意事项
8. 正确坐姿双手和双脚的摆放
9. 男士、女士基本坐姿及要领
10. 女士服务坐姿要求及注意事项
11. 常见蹲姿种类及蹲姿礼仪要点

12. 迎客礼仪要点
13. 眼神在迎客礼仪中的作用
14. 握手礼仪的要点及操作要领
15. 引领礼仪使用场合
16. 引领礼仪要点及操作要领
17. 递接名片要点及操作要领
18. 递笔礼仪要点及动作要领
19. 递饮品时多种物品操作及活动姿势的操作要领
20. 送客礼仪要点及操作要领

一、填空题

1. 汽车销售商务活动中动作礼仪主要包括＿＿＿＿、＿＿＿＿、＿＿＿＿。
2. 汽车销售商务活动中姿态礼仪主要包括＿＿＿＿、＿＿＿＿、＿＿＿＿、＿＿＿＿。
3. 标准站姿中手位的摆放方法主要有＿＿＿＿、＿＿＿＿、＿＿＿＿，脚位的摆放方法主要有＿＿＿＿、＿＿＿＿、＿＿＿＿。
4. 汽车商务活动迎客礼仪要点主要有＿＿＿＿、＿＿＿＿、＿＿＿＿、＿＿＿＿。
5. 迎客礼仪的操作要领主要有＿＿＿＿、＿＿＿＿、＿＿＿＿，＿＿＿＿。
6. 汽车商务活动座次礼仪遵循的规则为＿＿＿＿。
7. 座次的排序原则为＿＿＿＿、＿＿＿＿、＿＿＿＿、＿＿＿＿。
8. 服务座次礼仪的要点＿＿＿＿。
9. 握手礼仪的三大操作要领＿＿＿＿、＿＿＿＿、＿＿＿＿。
10. 引领礼仪主要用在＿＿＿＿、＿＿＿＿、＿＿＿＿、＿＿＿＿。
11. 递接名片礼仪要点有＿＿＿＿、＿＿＿＿、＿＿＿＿、＿＿＿＿。
12. 送客礼仪要点有＿＿＿＿；＿＿＿＿；＿＿＿＿。

二、选择题

1. 微笑的作用有（　　）。
A. 可以感染客户　　B. 要真诚　　C. 能够激发热情　　D. 可以增加创造力
2. 微笑要求人们做到（　　）。
A. 真诚　　B. 友爱　　C. 适度　　D. 合时宜
3. 下列属于点头礼仪要点的是（　　）。
A. 立正姿势　　B. 目视对方　　C. 点头示意　　D. 主动问候
4. 标准站姿手位的摆放方式有（　　）。
A. 双手置于身体两侧　　B. 右手搭在左手上叠放于体前
C. 双手叠放于体后　　D. 一手放于体前另一手背在体后
5. 下列属于训练站姿时应该注意的事项有（　　）。
A. 站立时，切忌东倒西歪，无精打采

B. 不要低着头、歪着脖子、含胸、端肩、驼背

C. 倚靠在墙上、桌子上

D. 身体不要下意识地做小动作

6. 训练走姿时要注意（　　）。

A. 腰部力量　　　　B. 背部力量　　　　C. 步位步幅及摆臂　　D. 身体协调性

7. 女士坐姿双腿摆放式样主要有（　　）。

A. 标准式　　　　　B. 侧腿式　　　　　C. 重叠式　　　　　D. 前交叉式

8. 蹲姿三要点为（　　）。

A. 迅速、美观、大方　　　　　　　　B. 迅速、双腿齐蹲、蹲稳

C. 美观、优雅、稳重　　　　　　　　D. 美观、大方、稳重

9. 下列属于握手礼仪要点的有（　　）。

A. 握手的姿势　　　　　　　　　　　B. 握手的时间

C. 握手的力度　　　　　　　　　　　D. 握手时的眼神和表情

10. 递接名片时要注意（　　）。

A. 双手呈递　　　　B. 文字正向对方　　C. 自我介绍　　　　D. 注意先后顺序

11. 索取名片时候要注意技巧，下列描述正确的有（　　）。

A. 强行索要　　　　B. 暗示法　　　　　C. 明示法　　　　　D. 含蓄法

12. 汽车销售商务活动中递笔时，要注意的礼仪要点有（　　）。

A. 双手为宜　　　　B. 主动上前　　　　C. 尖或刃向内　　　D. 放到桌子上

三、简答题

1. 简述微笑的作用、要求及保持微笑的方法。
2. 描述点头的正确姿势并阐述点头礼仪要点和操作要领。
3. 点头礼仪适用哪些场合？
4. 阐述标准站姿对手位和脚位的要求。
5. 描述男士和女士的基本站姿要求。
6. 阐述站姿的注意事项。
7. 简述正确坐姿双手和双脚的摆放。
8. 简述女士服务坐姿要求及注意事项。
9. 简述常见蹲姿种类及蹲姿礼仪要点。
10. 阐述迎客礼仪主要包括哪些方面，每一方面的具体要点和操作要领。
11. 简述递接名片、递笔要点及操作要领。
12. 简述递饮品时多种物品操作及活动姿势的操作要领。
13. 阐述送客礼仪要点及操作要领。

学习领域五 汽车商务求职面试礼仪

情境导入

该学习领域主要介绍汽车商务求职面试活动中,作为求职者应该在面试前做哪些准备、求职面试掌握的实战技巧及面试后应有礼仪。能够"知己知彼、百战不殆",更好地体现求职者的文化素养、道德水准、个性特征及自身的岗位能力,争取求职面试的成功。

单元一 汽车商务求职面试前准备

某高校汽车技术服务与营销专业学生王美佳,目前面临毕业就业。早在面临择业前半年时间内,她就向有经验的学姐做了请教,在择业面试前仔细分析了自身情况,撰写了求职信、制作了体现个人优势和特征的个人简历,在众多的就职面试同学中,很快就被汽车服务企业的HR看中,并成功入职。请你以一位即将毕业的大学生身份,制订一份求职面试前的准备计划。

目标名称	目标内容
理论知识	求职面试前心理准备
	求职面试前就业信息收集
	求职面试材料准备
技术能力	能够熟练掌握求职面试前准备内容
	能够高质量完成求职面试前准备内容
职业素养	培养学生坦然面对挫折、提高心理承受能力
	培养学生的人文平等精神

汽车商务求职面试礼仪是指求职者在求职过程中与招聘单位接待者接触时应具有的礼貌行为和仪表形态规范。它通过求职者的应聘资料、言谈举止、仪容仪表等方面体现其内在素

养的一种交际规则。在求职面试中,求职者高质量制作完成应聘资料并递交给招聘人员,是其应聘成功的必要条件。作为求职面试人员,要想竭尽所能高质量完成应聘资料的制作,必须做好面试前的各项准备。

一、求职面试前心理准备

毕业生择业的过程既是一个竞争的过程,又是一个复杂的心理变化过程,要使自己在竞争中充分发挥主观能动性,保持良好的竞技状态,就必须做好择业前的心理准备。

1. 克服心理障碍

近年来,大学生就业压力增大,毕业生表现出各种心理障碍(表5-1)。

表5-1 心理障碍及表现

序号	种类	主要表现
1	自卑、焦虑	主要表现对多种生活环境的担忧,或对现实危险性的错误认识,对自我定位不当,面对就业时就会遭受挫折感,对社会人际关系的恐慌,缺乏交际能力
2	自负心理	主要表现盲目的自我崇拜意识,不愿意到基层,从一般性岗位做起
3	盲目攀比和攀高心理	主要表现不从自身条件考虑,不深入了解单位发展情况,盲目与身边同学攀比工作地点、收入和待遇,频频更换工作岗位
4	盲目从众心理	主要表现跟着同学缺少分析自身优势或者不足的能力,有随大流的心态
5	不平衡心理与嫉妒心理	主要表现毕业生或因自身综合素质和能力不足,或因时机把握不准,未能找到合适的工作,见其他同学找到的工作比自己好,从而产生心理不平衡,怨天尤人,抱怨自己没有关系、没有背景
6	消极依赖的心理	主要表现没有竞争意识,坐等亲戚朋友帮忙安排工作等

面对上述心理障碍,应该主动应对:积极参加校内外各项活动,锻炼自己语言表达等方面的综合能力;建立合理的职业价值观;正确认识社会,主动寻求机遇;正确定位,客观地评价自己,适当调整就业期望;坦然面对就业挫折,提高心理承受能力;积极调整心态,促进人格完善,学会倾诉。

2. 正确自我定位

毕业生择业前要从自身优缺点、性格特征、兴趣爱好、价值观和能力等方面(表5-2),全面剖析自己,正确自我定位,了解自己感兴趣的行业和方向,客观评价,服从现实。

表5-2 正确自我定位

序号	层面	具体描述
1	优势与不足	优势明显体现:个体间存在不同和差异,要找出自己与众不同的地方,扬长避短,如参加过全国技能大赛获得一等奖,参加过礼仪大赛获得一等奖等,让自己的优点和才能更好地为招聘单位所了解 正确看待不足:比如性格的弱点,一个独立性强的人或者难与他人默契合作,一个优柔寡断的人或者难以担当重任,对这些性格的弱点要有正确的认识,认真对待,尽量寻找弥补、克服的方法,使自我趋于完善;再比如经验和经历的欠缺,初入社会,对招聘单位岗位工作环境及工作流程陌生,要认真对待,善于突破自我和主动学习,并努力克服和提高

(续)

序号	层面	具体描述
2	选择擅长和感兴趣的就业方向	根据所学专业、特长及兴趣爱好，明确就业方向，发展的眼光判断就业发展前景，持之以恒，尽可能做到"择己所爱、择己所长、择己所利"
3	客观评价服从现实	客观评价自己的优势与不足，主动推销自己、经营自己。择业之时，善于看到自己的长处，同时也要多学习他人的长处，才能让自己更好地发展 择业要服从现实，因为缺乏经验和经历，本着入职为先、基层起步、稳扎稳打、慢慢积累的原则，要经得起时间的考验和岗位工作薪酬低的劣势，用发展的眼光对待即将从事的工作，目标是经营自己，允许自己慢慢成长，赋能自我
4	增强自信心树立平常心	增强自信心，克服紧张心理。坚信"我能够获得这个职位，我最适合这个职位，我在这个职位上能干出最好的成绩，面试前要有良好的睡眠" 保持冷静心态、树立平常心

二、求职面试前就业信息收集

择业前要了解就业信息，主要包括有关用人单位的信息、有关用人条件的信息、有关用人待遇的信息，做到"知己知彼，百战不殆"。

1. 就业信息收集前准备工作

第一，要了解当年国家对毕业生就业政策，把握就业形势。

毕业生会通过网络和各种媒介收集就业政策、劳动用工制度、经济发展形势与趋势等，分析当前就业形势，结合自己实际状况，把握就业机会。

第二，要了解地方主管部门和学校当年对毕业生的就业政策和规定。

地方主管部门会根据国家的有关规定，结合本地区的情况，对毕业生的引进安排，使用晋升工资待遇等制定了一系列更为具体的规定。例如北京市关于外地生源在北京地区就业的规定等，不少地区为了吸引人才，还制定了许多优惠政策，这是大学毕业生应该了解的。

关于学校的有关规定，为了调动学生学习的积极性，保证毕业生就业的顺利进行，学校一般会根据国家的政策要求制定若干补充规定，这也是毕业生应该了解和遵守的。

第三，了解就业体制。

毕业生应该清楚，毕业生的就业是由国家、省、市、区的哪个部门和哪个机构来负责管理指导的，学校由哪个部门和哪个机构负责管理指导的，这样毕业生在求职过程中遇到了困难或问题时，就可以随时向有关的机构咨询。

第四，了解就业范围。

学校管理体制是国家地方两级管理，因而培养出来的学生将在不同的范围内就业，例如国家教育部所属院校培养的毕业生，一般可在全国范围内就业。

第五，了解就业程序。

什么时间开始和终止联系单位？签订就业协议必须履行哪些手续？在学校规定的时间内没有同用人单位签订就业协议，户口和档案将转到何处？毕业生都要弄清楚。

第六，了解用人形势。

了解当年毕业生总数与用人单位的需求有多少？是供大于求还是求大于供，或者两者基本平衡？了解自己所学专业人才培养目标，发展方向，事务范围与对口单位的情况。了解同自己专业直接对口或相关行业部门单位的现状及发展趋势。

2. 就业单位信息内容收集

就业信息在毕业生求职就业过程中起到十分重要的作用，是毕业生求职择业的基础，是通向用人单位的桥梁，是择业决策的重要依据，更是顺利就业的可靠保证，谁能及早获取信息，谁就获得了求职的主动权。所以，了解表 5-3 的就业单位信息内容是必要的。

表 5-3 就业信息主要内容

序号	具体内容	序号	具体内容
1	准确的单位全称	8	薪酬福利体系
2	经济性质	9	组织结构
3	隶属关系	10	用人理念
4	地理位置和交通状况	11	文化氛围
5	职务名称及人数	12	单位发展前景
6	职责范围	13	详细地址
7	职位要求	14	联系方法

3. 就业信息收集、整理和使用原则

就业信息收集遵循原则，如图 5-1 所示。

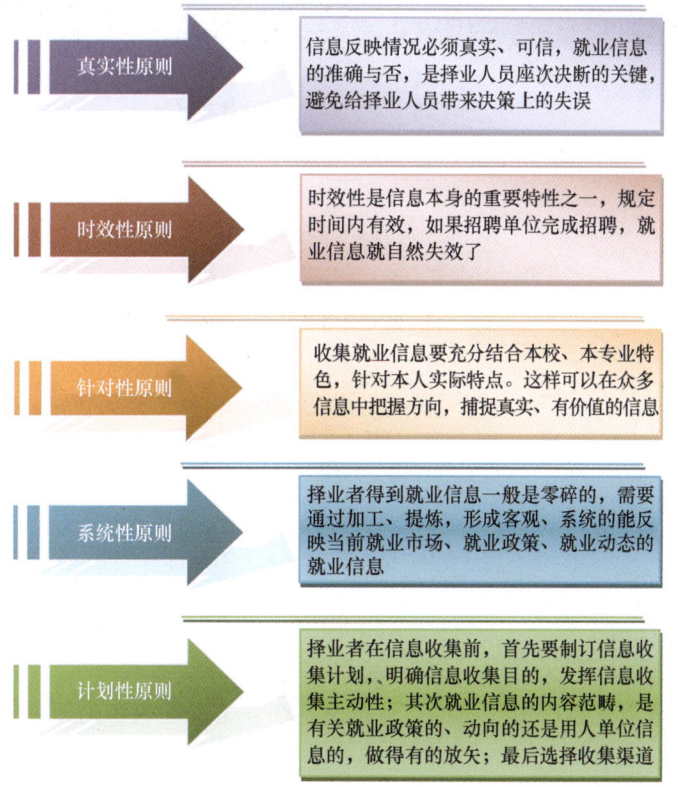

图 5-1 就业信息收集原则

4. 就业信息收集渠道

毕业生收集准确就业信息，是成功步入就业单位的前提和基础。毕业生主要通过表 5-4 中提及的渠道来收集就业信息。

表 5-4　就业信息收集渠道

序号	渠道类型	渠道信息
1	学院就业指导中心	学校收集的信息都会及时传至各系，或发布在学校就业网招聘信息栏中
2	各级毕业生就业主管部门、人才服务机构	各级毕业生就业主管部门、人才服务机构组织的有关活动获取信息，如毕业生双选会、校园招聘会等
3	各级政府主管部门和就业指导机构	主要是国家教育部和省教育厅、人事厅及各市的教育局、人事局
4	自媒体等媒介	通过网络、报刊、广播、电视等媒体
5	亲朋好友等关系网	通过家长、亲戚、朋友、老师、同学等渠道来获取就业信息
6	黄页	通过黄页掌握各单位地址、电话，通过打电话、写求职信或登门拜访获取用人信息

5. 就业信息筛选

毕业生面对纷纷而来的就业信息，要做合理筛选，找到最适合自己的。毕业生就业信息筛选要遵循表 5-5 中的原则。

表 5-5　就业信息筛选原则

序号	原则	筛选
1	掌握重点	信息可以全面收集，但在比较筛选之后，应把重点信息选出、标明，并注意留存，一般信息则仅作为参考
2	善于对比	当从不同的渠道收集到大量的需求信息后，可用对比鉴别的办法确定其用处
3	不耻下问	当收集到一些需求信息后，为了弄清信息的可靠程度，应当通过各种办法找有关人士打听澄清，以确定信息的可靠程度
4	了解透彻	对于重要的信息要顺藤摸瓜，寻根究底，务求了解透彻，不能一知半解，要全面掌握情况，全面了解信息的中心内容
5	勿盲目服从	获取用人信息以后不能一味盲从，那种认为亲友告诉你的信息一定可靠、报刊上传播的信息肯定没问题是不可取的，绝不要未经分析筛选就轻率地做出选择，这样会错过良机或耽误时间
6	适合自己	一切信息都要用来对照衡量一下，看是否适合自己，千万不要好高骛远，挑选不适合自己的岗位工作

三、求职面试材料准备

毕业生求职材料主要包括个人简历、自荐信、毕业生推荐表和附件（资证材料）。在求职面试前要将上述材料准备齐全。

1. 个人简历

个人简历是招聘单位人员快速了解应聘者的通道，增加应聘者成功的机会。所以应聘者应该掌握个人简历制作原则、简历具体内容及制作简历注意事项。

（1）**个人简历制作原则**　求职者制作个人简历应遵循图5-2所示原则。

图5-2　个人简历制作原则

（2）**个人简历制作内容**　个人简历制作要做到全面简洁，突出个人能力及成绩，成功推销自己。个人简历制作内容一般包括表5-6中所列内容。

表5-6　个人简历制作内容

序号	内容	具体信息
1	基本情况	性别、年龄、籍贯、民族、政治面貌、健康状况、联系地址、电话、邮箱
2	学习经历	就读学校，专业名称，开设课程及学习成绩，应结合所获证书或职业培训的资料等
3	相关经历	实习，担任学校社会工作的内容；经历和经验一定要与自己所应聘职位相关
4	兴趣、特长、兼职	兴趣爱好是展示自我品德、修养及与人合作能力；还要展示包括专业技术特长及一般性特长，如外语、计算机、普通话、驾驶证等
5	获奖情况	三好学生，优秀学生干部，优秀党团员，奖学金等

（3）**个人简历制作注意事项**　个体简历的制作注意事项如图5-3所示"两突出"来描述。

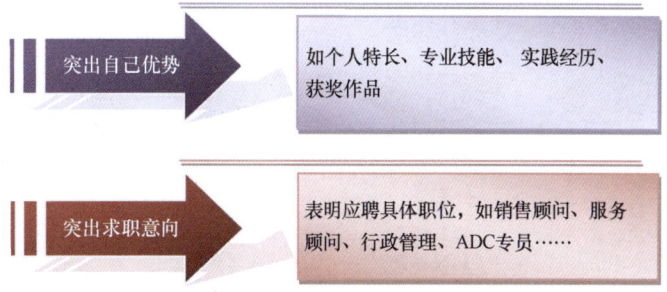

图5-3　个人简历的制作注意事项

（4）**个人简历范例**（图5-4）　个人简历制作包括封面和简历两个部分，封面做到简洁，包含学校、专业、姓名、求职意向、联系电话。简历包括内容见表 5-6。

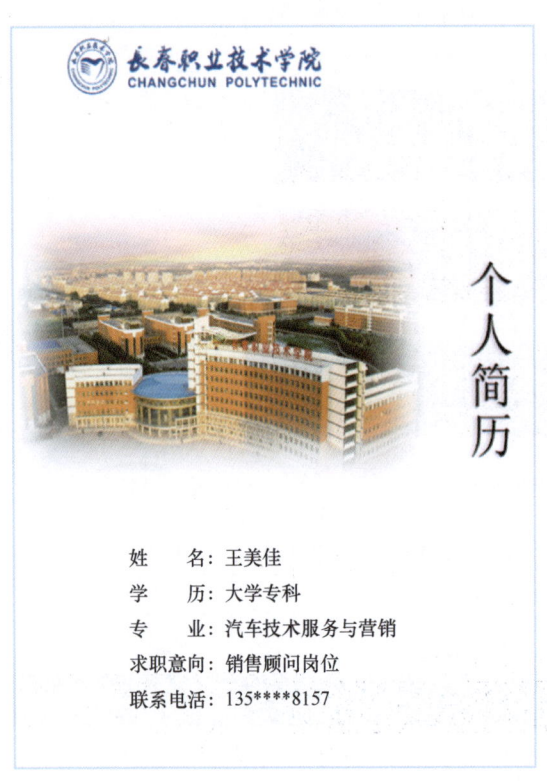

图 5-4　个人简历

2. 自荐信

自荐信也称为求职信或求职书，是求职者写给用人单位的信，目的是让对方了解自己、相信自己、录用自己。好的求职信应力求使招聘单位感受到求职者"鲜活"的形象和求职者的诚意。同时，还要能体现出求职者清晰的思路，良好的表达，以凸显求职者的交际能力和性格特征。

（1）自荐信撰写要求　毕业生在撰写自荐信时，要做到礼貌客气、情理交融、条理清楚，说服力强而且要有感染力。

（2）自荐信基本格式　自荐信撰写格式正确与否，体现毕业生基本文化素养，因此撰写自荐信时，基本格式（图 5-5）要符合标准。

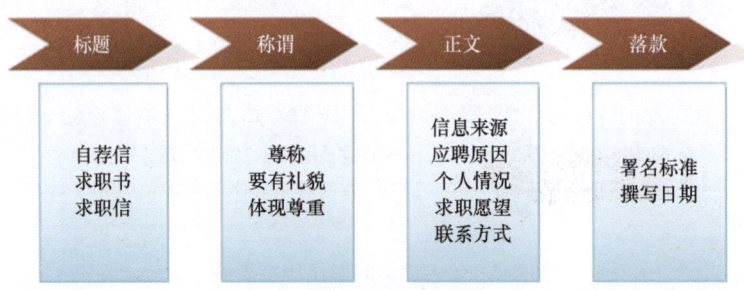

图 5-5　自荐信基本格式

下面给出一篇符合要求的自荐信范例：

自荐信

尊敬的××经理（领导）：

您好！

我从贵公司网站上获悉，贵公司正在招聘汽车销售顾问岗位人员，贵公司在国内享有盛誉，所以在此择业之际，怀着一颗真诚的心和对事业的追求，向贵院推荐自己，如能到贵公司从事销售顾问岗位工作，我将感到非常荣幸。

我的简要情况如下：

我叫王美佳，是长春职业技术学院2020届汽车技术服务与营销专业的毕业生，在校期间我始终积极向上，奋发进取，被学校评为"国家奖学金""优秀干部""优秀团员"，获得"2017年全国汽车营销技能大赛一等奖""优秀毕业生"等称号。未来在实际工作中我会不断学习，不断完善自己做好本职工作。假如有幸能够进入贵公司工作，我坚信在我的不懈努力下，一定会为贵单位的发展做出应有的贡献，我热诚期待您的回音。无论接受与否，我都衷心祝愿贵公司事业发达，蒸蒸日上。

此致

敬礼

自荐人：王美佳

2023年5月15日

3. 毕业生推荐表

毕业生推荐表为《普通高等学校毕业生就业推荐表》或者《全国普通高等学校毕业生就业协议》（图5-6），由学校所在省就业指导中心发放。

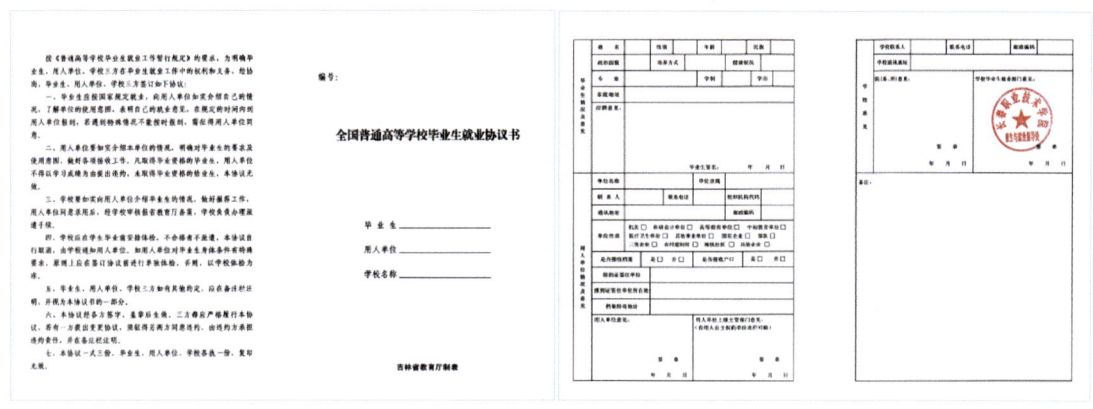

图5-6　毕业生就业协议书

4. 附件（资证材料）

资证材料为毕业生在学校期间所获得的相关证书，如高等学校英语能力B级、汽车商务师证书、全国计算机二级证书、2020年吉林省职业院校技能大赛汽车营销赛项一等奖、2022—2023学年三好学生、2022年优秀学生干部、2021年获得国家奖学金等。

> 注：个人简历封面（封底）不要太花哨、不要太张扬个性。附件（资证材料）要能证明自己的成绩及特长，简历最好不要超过5页。

汽车商务求职面试前准备技能实训

1. 准备工作（表5-7）

表5-7 汽车商务求职面试前准备技能实训准备工作

场地准备	工具准备	课堂布置	教师、学生要求
礼仪训练室1间	U盘一个/组	4~5人/组，共计4组	着职业装
	白板纸		
	白板笔		
	多媒体教学触控一体机		

2. 分组活动

根据汽车商务求职面试前准备内容，完成面试前准备材料制作，见表5-8。

表5-8 完成面试前准备材料制作内容

完成项目	完成项目具体内容
个人简历制作	结构完整、符合原则
填写《毕业生就业协议书》	实事求是、真诚严谨
撰写自荐信	突出个性、突出求职意向

3. 小组内交流讨论

同学们讨论汽车商务求职面试成功的前提条件和保证有哪些，小组内成员模拟即将毕业的毕业生进行相关内容准备，并完成具体内容的制作和撰写，将结果呈现在白板纸上，最后每组选出最优的一人代表本组进行成果展示。

4. 展示评比

四个小组的代表进行PPT汇报，展示时间为3分钟/组。结束后，教师进行评价（表5-9），同时小组内自评、小组间进行互评（表5-10）。

5. 评价表

表5-9 教师评价表

序号	评价标准	完成情况	
		是	否
1	准备材料齐备，表述顺畅自然，表达流利		
2	准备材料结构完整		
3	准备材料体现个人能力及成绩		
4	准备材料体现其明确的目的性和指向性		

学习领域五　汽车商务求职面试礼仪

表 5-10　小组内自评、小组间互评表

序号	评价标准	分值	得分
1	能够主动为完成布置任务	30	
2	能够根据所学知识，理解并掌握求职面试前准备内容	20	
3	能够熟练根据所学知识，制作精美高质量的个人简历	30	
4	能够熟练完成自荐信的撰写，并符合结构要求	20	
	合计得分		

单元二　汽车商务求职面试礼仪

某高校汽车技术服务与营销专业学生王美佳，接到电话通知第二天上午 9：00 去金达洲集团公司面试。电话沟通中，王美佳态度谦和、声音动听地询问了有关面试相关须知，并在面试过程中掌握了面试技巧，成功获得招聘单位面试人员的信任和欣赏，面试后她不忘向招聘单位人员表示感谢。请你以王美佳的身份，制订一份求职面试前、求职面试过程中和求职面试后的礼仪技巧实施计划。

目标名称	目标内容
理论知识	求职面试的准备
	求职面试实战技巧
技术能力	能够熟练进行求职面试的准备、掌握求职面试礼仪
	能够高质量完成求职面试，学会应对面试官的面试
职业素养	培养学生坦然面对挫折、勇敢应对困难并自我完善的能力
	培养学生真诚、谦和、积极进取的精神

汽车商务求职面试是一种经过组织者精心设计，在特定场景下以面试官对求职者的面对面交谈与观察为主要手段，由表及里测评考生的知识能力和经验等有关素质的一种活动，求职面试过程，可分为见面前的准备、见面前的 10 分钟、面试交谈、人事主管给求职者的提问机会、结束面谈。求职者能否实现求职目标，关键一步是与用人单位见面与人事主管进行信息交流，为保证求职成功，掌握求职面试技巧就显得尤为重要。

一、面试的准备

求职者临近面试前会接到招聘单位人力资源打来的电话，面试前电话沟通很重要。另外，面试过程需要掌握基本礼仪，尽可能让自己顺利完成求职面试过程。

1. 面试前的电话沟通

招聘单位在组织面试前会通过电话与求职者沟通相关面试事宜，作为求职者一定要掌握表 5-11 中的电话沟通内容，并且注意电话沟通事项，如图 5-7 所示。

表 5-11　电话沟通内容

序号	具体内容信息
1	沟通中问清楚应聘的公司名称、职位（岗位）、面试地点、面试时间等
2	沟通清楚公司的网址、通知人的姓名和面试官的职位等信息
3	沟通结束前与通知你参加面试的人"道谢"

图 5-7　电话沟通注意事项

注：尽量按要求的时间去面试，因为很多企业都是统一面试，如果错过面试时间，可能就失去机会了。

2. 准备携带的面试资料

求职者面试前要将携带的资料提前准备好，放入专用文件袋或者公文包内，保证能平整放入 A4 纸大小的文件，避免面试过程中过失导致紧张而错失良机。求职面试者提前准备的资料如图 5-8 所示。

图 5-8　必备资料

3. 面试前心理准备

求职面试者由于将要进行面试，对意向岗位很重视，难免会有紧张的情绪。此时作为求职面试者应保持良好的心理状态，如图 5-9 所示。

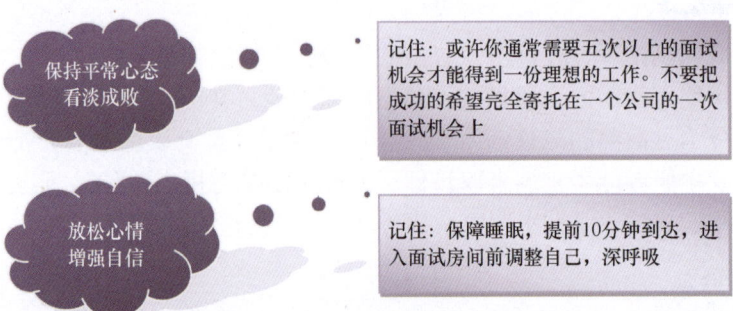

图 5-9　面试前心理状态

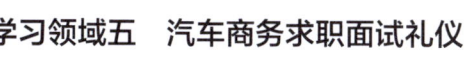

4. 面试时间准备

守时是职业道德的一个基本要求，提前 10~15 分钟到达面试地点效果最佳，以表示求职者的诚意，给对方以信任感；同时也可调整自己的心态，做一些简单的仪表准备，以免仓促上阵，手忙脚乱。为做到这一点，一定要牢记面试的时间和地点，最好能提前去一次，避免因一时找不到地方或途中延误而迟到。如果迟到了，肯定会给招聘者留下不好的印象，甚至会失去面试的机会。

5. 面试前服饰礼仪准备

常言道"人靠衣裳，马靠鞍""三分容貌、七分打扮"。一切都是为了配合求职者的身份，面试时合乎自身形象：男、女着装会给人以干净利落、有专业精神的印象，面试时一定着职业装，避免穿 T 恤、牛仔裤、运动鞋等看起来随便的样子。另外需提示，男士服饰要遵循三色原则（全套装束颜色不超过三种）、三一定律（皮鞋、公文包、皮带的颜色保持一致）；女士服饰以整洁美观、稳重大方、高雅为总原则，色彩、款式、大小、自身的体态和发式与招聘的职业协调一致。穿鞋总体原则是和整体协调一致，颜色和款式上与服装相配，面试避免穿长而尖的高跟鞋，建议中跟鞋最佳。如穿丝袜，注意脱丝情况，兜子里备一双，颜色为肤色。

6. 说话时的目光接触

面试时求职者应当与招聘者保持目光接触，以表示对其尊重，切忌目光犹疑、躲避闪烁，这是缺乏自信的表现。在面试过程中要不时面带微笑，当然也不要笑得僵硬，一切要顺其自然。"眼睛是心灵的窗户"，求职面试时求职者与招聘者的关系往往有两种情况，一是一对一的关系，即面对一个招聘者；二是一对多的关系，即面对多位招聘者这两种情况。两种情况求职者目光的运用（表 5-12）是不一样的。

表 5-12　不同情况下求职者目光

序号	情况种类	目光表现
1	一对一	第一，注视对方目光要自然、和蔼亲切、真诚，不要死盯对方的眼睛，弄得对方极不自在；也不要在局部内上下翻飞，使对方感到莫名其妙；不要东张西望左顾右盼，显得心不在焉；不要高高昂起头两眼望天，显得傲气凌人，这些都是不好的表现 第二，注视对方时要注意眨眼的时间和次数不宜过长、也不宜过多，眨眼时间超过一秒钟就变成闭眼给对方，感觉对他不感兴趣，眨眼次数过多会让对方怀疑你对他讲话的真实性 第三，在谈话过程中难免会碰到对方目光，相遇时不要慌忙移开，这样显得心地坦荡，容易取得对方的信任
2	一对多	求职者的目光不能只注视中间一位招聘者，而要兼顾到在场的所有人，让每个人都感到在注视他。具体方法是：以正视招聘者为主，并适时地把视线从左至右、又从右至左地移动，达到与所有招聘人同时交流，避免冷落每一位招聘人。注视的次数不宜过多，这样能得到全场人的一致好评

7. 仪态礼仪

面试时涉及站姿、坐姿、走姿等仪态礼仪，递物等迎客礼仪和座次礼仪等，请读者前往"学习领域四"再次学习并进行实操训练。

8. 不良习惯动作

在面试时不可以做一些习惯性的小动作，比如折纸、转笔、摸耳朵、捂嘴等，这样会显得不严肃,分散对方注意力,从而可能会被理解为你紧张、面试准备不足。

9. 说话时嗓音及语调

嗓音可以看出一个人是否紧张、是否自信等,平时应做到图5-10所示的要求,避免声细无力。

图5-10 面试嗓音及语调

二、面试实战技巧

求职面谈是很重要的一个环节,对于求职者来说是决定能否成功通关的关键时刻,因此在面谈礼仪方面应尤为重视。

1. 面试过程中礼仪

第一,进入招聘者的办公室礼仪。

进入招聘者的办公室,一定要先敲门再进入,等到招聘面试官示意坐下再就座,如有指定的座位坐在指定的座位上即可,如没有指定的座位,可在招聘面试官对面的位置坐下,这样方便与招聘面试官面对面地交谈,千万别反客为主,具体做法如图5-11所示。

图5-11 面谈礼仪

第二,自我介绍礼仪。

当招聘面试官要求做自我介绍时,不用像背书似的把简历上的一套再说一遍,那样只会令主考官觉得乏味,正确的做法是用舒缓的语气,将简历中的重点内容稍加说明即可。如姓名、毕业学校专业和特长,等面试官想深入了解某一方面时,你再做介绍,用简洁有力的话回答面试官的提问,做到图5-12所示礼仪,效果会更好。

图5-12 自我介绍礼仪

第三,回答问题的礼仪。

求职面试的核心内容就是应答,求职者必须对自己的谈吐加以把控,应答过程中要注意相应的原则和礼节规范,务必要使自己的谈吐表现得文明礼貌,言辞标准,语言连贯,内容简洁。但问题中也会出现一些特殊状况,面试官提出的问题令求职者感受到冒犯或者与工作无关时，应该如何做答？礼貌的状况应该委婉地回答"对不起，我不知道这个问题与我应聘的职位有什么关系，我能不能暂时不回答这个问题呢？"绝不会生硬地拒绝我不能回答这样不礼貌的问题，或者怎么问这么不礼貌的问题。此时此刻不能意气用事或表现不礼貌，口气和态度一定是婉转和温和的。

2. 面试过程中常见问题分析

面试过程中，面试官一般都会问诸多问题，在问题回答中观察你的闪光点和不足，为此要把握面试过程中表 5-13 中问题及问题剖析。

表 5-13　求职面试过程中问题剖析

序号	问题内容	问题目的	做法
1	请你自我介绍一下	目的是感知应聘者的承受能力、逻辑思维能力和演讲能力	做到介绍内容与个人简历一致，尽量口语化，切中要害 不谈无关无用的内容，条理要清晰，层次要分明 恰当运用肢体语言
2	你有什么业余爱好	目的是了解性格、观念、心态思维的深度等	应聘者应该做到事先准备，最好不要说自己没有业余爱好 具体来说：比如喜欢流行音乐相关问题，你最喜欢哪个歌手？他的演唱风格如何？他的成名曲是哪一首？你最喜欢他的哪一首歌曲？为什么又比如喜欢读书相关问题，你喜欢哪一位作家？你最喜欢他的哪一本书？这本书的中心思想是什么？你阅读了这本书后有什么感悟？对人生的启示又是什么？
3	列举一个你人生中最失败的经历	目的是感知你的胆量和勇气，是否进行了深刻的反省，是否接受了深刻的教训	具体做法是不能说自己没有失败的经历，要说明失败之前自己曾信心百倍，尽心尽力；说明失败是由主观原因导致的；失败后重做了深刻地反省，很快振作起来，以更加饱满的热情面对以后的学习和工作
4	你为什么选择我们公司	目的是了解求职的动机愿望和工作的态度	应该做到从行业企业和岗位角度来回答，比如首先说"我十分看好贵公司所在的行业"，再谈"我认为贵公司十分重视人才，这项工作很适合我，相信自己一定能做好"
5	你希望与什么样的上级共事	目的是判断出应聘者对自我要求的意识	做法是回避具体的"希望"，多谈对自己的要求，表述为：作为新人应该多要求自己，尽快熟悉环境，适应环境，而不应该对环境提出要求，只要能发挥我的专长就可以

3. 面谈过程中注意事项

面谈中有些行为动作出现是不礼貌的，会被面试官作为评判的内容，进而影响录用，面试过程中应该注意以下事项：

1）注意站正坐直，不要弯腰低头。

2）双手放在适当的位置，并要安稳。

3）不要做玩弄领带、掏耳朵、挖鼻孔、抚弄头发、掰关节、玩弄面试官递过来的名片等多余的动作。

4）禁止两腿神经质般不断晃动和翘起。

三、面试后的礼仪

求职面试者结束面谈，相当于面试评判环节结束，但结束面谈后仍需要更多关注面试后的礼仪细节，如图 5-13 所示。

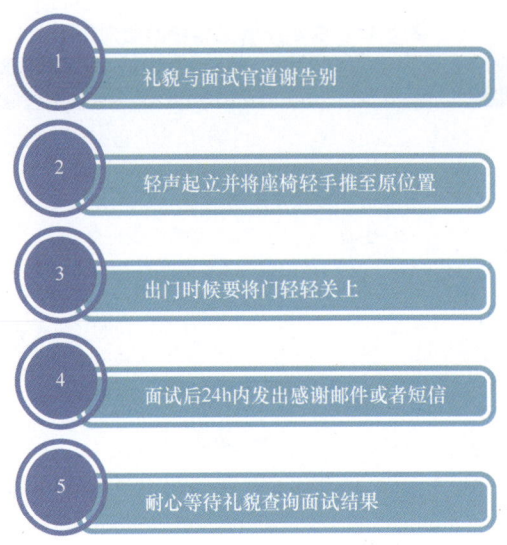

图 5-13　面试后礼仪

汽车商务求职面试技能礼仪实训

1. 准备工作（表 5-14）

表 5-14　汽车商务求职面试技能礼仪实训准备工作

场地准备	工具准备	课堂布置	教师、学生要求
礼仪训练室 1 间	4 把椅子/组	4 人/组，共计 5 组	着职业装
	4 张圆桌/组		
	镜子一面/组		
	1 把椅子、1 张桌子（面试用）		
	白板纸、白板笔		

2. 分组活动

每组选出一位同学扮演求职者，另一位同学扮演面试官，组与组之间穿插进行（一组出求职者，另一组出面试官，轮流进行，直至每组都轮到），每组其他成员担任观察员，对表演者的表现进行评价判断，见表 5-15。

表5-15 求职面试模拟演练准备、实战和评价内容

完成项目	完成项目具体内容
求职面试模拟演练准备	小组共同商议模拟演练准备、模拟演练话术（求职面试中可能问到的问题及如何回答）、模拟演练实战练习，要求小组内每人都需要担任求职者（时间30min）
求职面试模拟演练实战	小组内选定人员担任求职者和其中一组选定的面试官进行求职面试模拟演练（时间5min/组）
求职面试模拟演练评价	说出优点和不足各一条/人，时间10min

3. 小组内交流讨论

每组同学依据所学知识，讨论求职面试中面试官和求职者的任务角色分配；讨论求职面试前应有基本礼仪；讨论求职面试过程中话术（求职面试中可能问到的问题及如何回答）及求职面试过程实施方案。将讨论内容以纲要的形式，呈现在白板纸上，每组选出最优的一人代表本组进行成果展示，之后进行求职面试模拟演练实战。

4. 展示评比

四个小组的代表进行白板纸上成果展示汇报，展示时间为3min/组。结束后进行求职面试模拟演练，最后教师进行评价（表5-16），同时小组内自评、小组间进行互评（表5-17）。

5. 评价表

表5-16 教师评价表

序号	评价标准	完成情况	
		是	否
1	知识层面上，按流程要求进行；流程中问题设计清楚、有针对性，且回答灵活		
2	技能层面上，求职面试模拟演练过程中，自我介绍简洁明了，涵盖内容全面，突出综合素质及良好品德		
3	素养层面上，体现人文平等精神、突破自我、创新意识浓厚		
4	宏观层面上，看到了表情及态度谦和、友好、热情，温文尔雅，实现知识迁移，达到技能形成和提升		

表5-17 小组内自评、小组间互评表

序号	评价标准	分值	得分
1	能够主动完成布置任务：参与度强、成功进取意识强、高质量完成任务	30	
2	能够根据所学知识，理解并掌握求职面试前、求职面试中及求职面试后礼仪	20	
3	能够熟练顺畅地呈现求职面试的心理和态度，高质量完成求职面试演练	30	
4	能够高质量设计和演练求职面试过程中问题及问题解答，犹如一场真实求职面试实战	20	
合计得分			

1. 求职面试前心理准备
2. 求职面试前就业信息收集
3. 求职面试信息收集渠道
4. 求职面试材料准备
5. 求职简历的制作
6. 自荐信的撰写
7. 求职面试的准备
8. 求职面试的实战技巧
9. 求职面试过程中基本礼仪
10. 求职面试过程中常见问题分析

一、填空题

1. 汽车商务求职面试克服的心理障碍包括_____、_____、_____、_____、_____、_____。
2. 求职面试前正确自我定位主要从_____、_____、_____、_____方面。
3. 收集就业单位信息主要内容包含_____、_____、_____、_____、_____、_____。
4. 收集就业信息的原则：_____、_____、_____、_____、_____。
5. 就业信息的收集渠道主要有_____、_____、_____、_____、_____。
6. 求职面试材料准备主要包括_____、_____、_____和_____。
7. 个人简历的制作应遵循原则_____、_____、_____、_____。
8. 汽车商务求职面试前电话沟通内容包括_____、_____、_____。
9. 汽车商务求职面试前电话沟通注意事项_____、_____、_____、_____。
10. 求职面试者求职面试应携带的面试资料有_____、_____、_____和_____。
11. 汽车销售求职面试者面试过程中的礼仪包括_____、_____、_____。

二、选择题

1. 下列属于求职面试中应克服的心理障碍有（   ）。
   A. 自卑　　　　　　　B. 焦虑　　　　　　　C. 自负心理　　　　　　　D. 从众心理
2. 下列属于求职面试时正确自我定位的是（   ）。
   A. 优势与不足　　　　　　　　　　　　　　B. 个人感兴趣的就业方向

C. 服从现实 D. 理想就业

3. 下列不属于就业信息收集原则的是（ ）。

A. 真实性原则　　B. 前瞻性原则　　C. 针对性原则　　D. 计划性原则

4. 求职前准备的个人材料包括（ ）。

A. 个人简历 B. 自荐信

C. 填写《就业协议书》 D. 附件（资证材料）

5. 求职面试前电话沟通注意事项包括（ ）。

A. 谦和　　　　　B. 礼貌　　　　　C. 真诚　　　　　D. 详细咨询

6. 求职面试时应携带的资料有（ ）。

A. 备用简历　　　B. 笔记本　　　　C. 身份证　　　　D. 考试材料

7. 求职面试提前到达面试地点的时间为（ ）效果最佳。

A. 10～15min　　 B. 8min　　　　　C. 20～25min　　 D. 即刻到达

8. 面试过程中进入招聘者面试办公室应有的礼仪有（ ）。

A. 先敲门 B. 得到面试官同意方可进入

C. 随便就座 D. 指定位置就座

9. 求职面试过程中"请自我介绍"这个问题设计的目的是（ ）。

A. 感知应聘者的承受能力 B. 感知应聘者的逻辑思维能力

C. 感知应聘者的演讲能力 D. 了解应聘者辉煌的曾经

10. 下列属于面试后的礼仪有（ ）。

A. 礼貌与面试官道谢告别

B. 出门时可以不关门

C. 面试后等电话

D. 面试后合适时间发感谢邮件或者短信、微信

三、简答题

1. 简述求职面试前的心理准备。
2. 求职面试前就业信息收集的具体内容有哪些？
3. 列出求职面试信息收集渠道。
4. 简述求职面试准备的个人材料种类及具体内容。
5. 简述求职简历的结构及内容。
6. 撰写一份自荐信。
7. 简述求职面试的准备内容。
8. 求职面试的实战技巧有哪些？
9. 求职面试过程中基本礼仪内容包括哪些？
10. 举例说明求职面试过程中常见问题的目的及应对技巧。

学习领域六　汽车商务沟通礼仪

该学习领域主要介绍汽车销售商务活动中,服务人员应该掌握的各种沟通形式的沟通技巧:面对面沟通技巧、电话沟通技巧、短信/微信沟通技巧等,目的是更好地让客户感受到备受尊重、理解和欢迎,以增强客户对服务人员及服务品牌黏性。

单元一　汽车商务沟通礼仪概述

小张进入长春市某家奥迪4S店已有一年,小张每个季度的业绩考核都不是很理想,这令小张百思不得其解。于是小张找经理谈自己的情况,希望经理帮助改进。经理认真查看了CRM系统中小张的有效客户相关数据记录情况,发现其客户在店时间都很短,偶有成交,但大部分都为休眠客户,建议小张改变沟通方式、学习沟通技巧,要善于与客户攀谈,尽量拉长客户在店时间,培养与客户间的友好关系。作为一位优秀销售人员,请你帮小张做一份与客户培养友好关系的工作计划。

目标名称	目标内容
理论知识	沟通概述
	沟通技巧
	面对面沟通、电话沟通、微信/短信沟通礼仪要点
技术能力	能够熟练掌握面对面沟通、电话沟通、微信/短信沟通礼仪操作要领
	能够按照商务礼仪要求进行面对面、电话、微信/短信有效沟通
职业素养	培养学生应变能力、逻辑思维能力,提供解决问题方案能力
	培养学生的职业文化修养以及良好的沟通表达能力

汽车销售商务活动中,与客户沟通会使用多种沟通形式,为了保证沟通效果,汽车销售

人员需要掌握各种沟通形式的沟通技巧和礼仪规范，尽量与客户建立良好关系。

一、沟通概述

汽车销售商务活动中，沟通要注意遵守原则。沟通的重点很多时候不在于说什么，而在于怎么说能让对方听起来舒服、开心、感觉被尊重和被理解，体现销售人员的专业性。另外还要采用正确恰当的沟通形式：倾听和提问等，与客户面对面、电话或者微信/短信方式，来达到与客户沟通的目的。

1. 沟通基本原则

沟通遵循"三A原则"。

"三A原则"是商务礼仪的立足资本，"三A原则"就是三个以A开头的英语单词，其中文意思就是"接受别人（Accept）""重视别人（Appreciate）""赞美别人（Admire）"，遵守沟通"三A原则"，目的是愉悦客户。

（1）Accept——接受别人 汽车销售商务活动中，要理解客户的情绪，拥有宽容、豁达的胸怀及良好的态度；要接受客户，全面认识客户，能够经常换位思考去理解客户，不轻易对客户说否定的话，不与客户争执；要打动人心，言行一致、表里合一。

（2）Appreciate——重视别人 日常生活中、汽车销售商务活动中，发自内心地重视别人，是让别人重视自己的前提。在与客户交流中唯有加以重视，才能找到合适的沟通渠道；尊重他人就是尊重自己，重视客户，才能让客户愉悦敞开心扉与你交流。

（3）Admire——赞美别人 赞美对方要基于事实、发自内心。赞美时要善于发现对方之所长、善于发现彼此共同之处并及时加以肯定；赞美要发现细节（服饰、谈吐、举止），充分让对方感到你的真挚、亲切和可信，人际距离就会越来越近。

2. 有效的沟通技巧

（1）有效的提问技巧 汽车销售商务活动中，有效提问可以与客户建立良好关系，同时还可以达到提问的目的，实现有效提问，提问技巧见表6-1。

表6-1 有效提问技巧

序号	提问方式	特征	技巧
1	开放式问题	答案不是固定的，开放式问题可以让对方发散思维。通过开放式问题的提问，可以收集客户更为广泛和准确的信息	（Who）谁：谁购买这辆车？ （When）何时：何时需要新车？ （What）什么：购车的主要用途是什么？对什么细节感兴趣？ （Why）为什么：为什么要选购这款汽车？ （Where）哪里：从哪里获得产品信息的？从哪里来？ （How）怎么样：认为这款汽车怎么样？
2	封闭式问题	答案是固定的，对方只能从某个范围中给出答案的问题。通过封闭式问题的提问，可以确认客户信息，得到肯定答案	答案为"是"或"否"

（2）有效的倾听技巧

1）"听"和"倾听"的区别。"听"的繁体字如图 6-1 所示，其本义为"用耳去听、一心一意、双目注视、听者为王"。"听"和"倾听"的区别如下：

"听"：被动地听。人们会主动去听与自己切身利益有关的信息，有一种是被动地听，被动地听实际上是一种假象。

"倾听"：主动地听。表现为主动收集客户信息。另外，"听"还要听弦外之音，了解隐性需求。

2）倾听的技巧。有效倾听要做到：随身附和的音调、热情友好的目光，同时配合适当的点头，具体有效倾听的技巧见表 6-2。

图 6-1 听的本意

表 6-2 有效倾听的技巧

序号	有效倾听方式	技巧
1	肢体语言方面	1）和对方的眼神保持接触 2）不可凭自己的喜好选择收听，必须接收全部信息 3）提醒自己不可分心，必须专心一致 4）点头、微笑、身体前倾、记笔记 5）回答或开口说话时，先停顿一下 6）以谦虚、宽容、好奇的心胸来听
2	语言方面	1）在心理描绘出对方正在说的 2）多问问题，以澄清观念 3）抓住对方的主要观点是如何论证的 4）等你完全了解了对方的重点后，再提出反驳 5）把对方的意思归纳总结起来，让对方检测正确与否

二、沟通形式及沟通礼仪

1. 面对面沟通

（1）面对面沟通的含义 面对面沟通，也称为"交谈""交流"或者"谈话"，是指两个或两个以上的人进行对话，是社会交往、交流思想、沟通信息、加深友谊的重要手段。

（2）面对面沟通礼仪要素 面对面沟通涉及方方面面的问题，被称为面对面沟通要素。具体涉及以下几方面：

1）沟通"态度"。态度决定一切，与家人、朋友、同事、客户沟通，为了达到沟通目标，无论何时何地，都要尽力态度友好、和善（图 6-2）。

2）沟通"语言"。良好的沟通效果来源于发音清晰与否、语言标准与否、礼貌用语是不是使用到位。另外，在汽车销售商务活动中或者其他商务活动场合，沟通都要使用普通话。

3）沟通"内容"。语言是表达思想的，传

图 6-2 良好的沟通态度

递信息的,沟通中虽然语音、语调及肢体语言都很重要,但是为了传递准确信息,对于沟通"内容",要认真思考,谨慎组织。

4) 沟通"形式"。沟通"形式"为交流的方式,不同场合、不同对象、不同年龄,沟通的形式有所不同,应该因地制宜、因人而异,才能够取得良好的沟通效果。

(3) 面对面沟通技巧 面对面沟通要借助于各种沟通形式和沟通技巧,如友善专注的目光、愉悦倾听者的语言、考虑现场倾听者的自尊心、取悦发言者、公开话题的选择等。

上述沟通技巧图文并茂,具体的沟通礼仪操作要领具体见表6-3。

表6-3 沟通礼仪操作要领

序号	沟通方法	操作要领
1	眼神与目光	1) 在面对面沟通中,恰当的眼神应当是友善尊敬、清澈坦荡、真诚热情、炯炯有神 2) 不应东张西望、东瞄西看,否则会让人觉得你心不在焉 3) 不应居高临下地侧视或斜视,否则会让人产生被瞧不起的受辱感觉
2	打动倾听者	了解对方需求,并学会捕捉和激发他人需求,真诚关心他人,多站在对方立场考虑问题 人的感性和理性之比为7:3,说话时要达到预期目的,就必须使自己所说的话能够真正打动听者的心,使客户由理性转化为感性,很多事情迎刃而解
3	尊重听者的自尊心	1) 尽可能使用肯定对方的"是" 2) 与人相处和善箴言:"是""好的""让我来""马上改进""我会注意的""谢谢您的关照"
4	获取发言者的好感	1) 靠近说话者,身体前倾,专心致志地听。一定要让人感觉到你对他所说的内容的渴求 2) 说话必须和颜悦色,语气明朗;切忌打断说话者的话题;巧妙提问,让说者感受你的关注
5	丰富公开性话题	1) 安全话题:历史、地理、艺术、建筑、风土人情 2) 轻松话题:影视、比赛、时尚、小吃、天气状况 3) 商务交往五不谈:隐私、低俗、同事、机密、政治 4) 私人问题四不问:家庭与收入、年龄与婚姻、健康问题、个人经历

2. 电话沟通

电话是沟通中使用最为频繁的通信设备。各大企业、公司,尤其是服务业,有相当多的客户都是以接电话者的态度来判断这家公司值得信赖的程度。所以无论是接听电话、代接电话还是拨打电话,对公司、对客户都极为重要。

(1) 电话沟通形式及内容

1) 接听电话。接听电话要有一个良好的情绪状态,可以让对方感受到服务接待人员的热情和主动服务意识,营造愉悦氛围。汽车销售商务活动中,接听客户来电要求做到:在铃响四声内接听电话;主动报出自己的公司、部门、岗位及姓名;确认对方的公司、部门、姓氏称呼或者迅速转告给被指名人;应答明确,适时回应对方一句,做好记录,重点重复;要找的人不在时,要记录好对方的姓名、电话、事情内容;结束互相寒暄,等对方挂断电话后,方可挂断电话。

2) 代接电话。当电话响起而被呼叫同事不在座位上时,邻座同事可代为接听,接听电话遵循5W1H的原则:When(何时)、Who(何人来电)、Where(事件地点)、What(何事)、

Why(为什么,原因)、How(如何做)。代接电话永远不要对打来的电话说:"我不知道!"这是一种不负责任、非职业化的表现。

3)拨打电话。拨打客户电话要按流程和每一个环节的要求来操作,具体见表6-4。

表6-4 拨打电话流程及操作事项

序号	流程	操作事项
1	打出电话准备	1)准备电话内容 2)准备可能需要的资料和文件等 3)明确通话对象背景和客户价值
2	拨打、问候、告知自己姓名	电话中一定要报出自己的单位、部门、姓名,以表示礼貌
3	确认电话对象	1)必须要确认电话的对象 2)如与所找之人联系上后,应该再次问候
4	电话内容沟通	1)应先将沟通理由告知对方 2)对时间地点进行准备表达,希望对方能做记录 3)电话沟通后要有总结确认
5	结束语	语气诚恳,态度和蔼
6	挂断电话	对方先挂断电话

另外,拨打电话要注意时间、空间和电话时长:

时间上:避开节假日、晚上的21:00至次日6:00、临近下班时间等时间段。

空间上:避开公众场所,防止噪声干扰。

时长上:三分钟原则。

(2)电话沟通礼仪要点 汽车销售商务活动中,电话沟通是主动或者被动获取客户的重要渠道,为了感染客户,吸引客户到店,要熟知礼仪要点并反复训练,保证电话沟通效果。

电话沟通的礼仪要点有响铃四声内拿起电话;左手接听,右手记录;端正坐姿,面带微笑;声音清晰,后放电话。电话沟通前还要准备好纸和笔,记录电话沟通内容,避免遗漏。

3. 微信/短信沟通

智能手机时代,微信是沟通的主要辅助手段,偶用短信沟通(图6-3)。微信沟通可以使用语音、视频、文字、图片等,目前应用较为广泛(图6-4)。

图6-3 短信沟通

图6-4 微信沟通

学习领域六　汽车商务沟通礼仪

微信/短信沟通注意事项、礼仪要点及操作要领具体见表 6-5。

表 6-5　微信/短信沟通注意事项、礼仪要点及操作要领

序号	注意事项	礼仪要点	操作要领
1	发短信/微信一定要署名	三要： 1）要有尊称 2）要有正文 3）要有落款 二不要： 1）不要有错别字 2）不要没有标点	1）言简意赅 2）用词准确
2	重要电话先用短信/微信预约		
3	发短信/微信不能太晚（避开晚10点后）		
4	提醒对方何时用短信/微信（如会议或者活动的时间、地点）		

汽车商务沟通礼仪的实训

1. 准备工作（表6-6）

表 6-6　汽车商务沟通礼仪的实训准备工作

场地准备	工具准备	课堂布置	教师、学生要求
礼仪训练室1间	4把椅子/组	4人/组，共计4组	着职业装
	4张圆桌/组		
	镜子一面/组		

2. 分组活动

学生根据汽车销售商务活动中沟通礼仪的要点及操作要领，现场进行面对面沟通、电话沟通（接听电话、代接电话、拨打电话）、微信/短信等方式的沟通训练，见表6-7。

表 6-7　学生进行面对面沟通、电话沟通、微信/短信等方式的沟通训练内容

完成项目	完成项目具体内容
面对面沟通（话题选择）	
接听电话、代接电话、拨打电话	
微信/短信沟通训练	

3. 小组内交流讨论

同学们根据汽车销售商务活动中沟通礼仪的要点及操作要领，现场进行面对面沟通、电话沟通（接听电话、代接电话、拨打电话）、微信/短信等方式的标准并进行模拟演练，直至组内每位成员都演练完毕，过程中其他人担任观察员，记录操作过程中的优点和不足，进行分享，最后每组选出最优的一人代表本组进行沟通礼仪展示。

4. 展示评比

四个小组的代表遵循汽车销售商务活动中沟通礼仪的要点及操作要领，进行面对面、电话（接听电话、代接电话、拨打电话）、微信/短信等方式的沟通模拟展示汇报，相互拍照，展示时间为5分钟/组。结束后，教师进行评价（表6-8），同时小组内自评、小组间进行互评（表6-9）。

5. 评价表

表 6-8　教师评价表

序号	评价标准	完成情况	
		是	否
1	是否体现并符合汽车销售商务活动各岗位特征		
2	是否能应用所学知识完成实训操作任务		
3	运用面对面沟通、电话沟通（接听电话、代接电话、拨打电话）、微信/短信等礼仪行为的操作要领提升沟通效果		
4	完成任务质量（模拟演练）高，并且效果好		

表 6-9　小组内自评、小组间互评表

序号	评价标准	分值	得分
1	能够主动为完成任务进行资料查找、录制视频	30	
2	能够根据所学知识，理解并掌握沟通礼仪的要点及操作要领	20	
3	能够熟练掌握面对面沟通、电话沟通（接听电话、代接电话、拨打电话）、微信/短信等礼仪行为标准，并进行实操训练提升，符合汽车销售与服务岗位的特征	30	
4	能够熟练边操作礼仪行为，边描述操作要领和注意事项	20	
	合计得分		

单元二　汽车商务服务情景服务语言沟通礼仪

 学习情景

　　两年前，客户王先生来到长春市某奥迪 4S 店，想要购买一台奥迪 A6L，销售顾问小张接待了王先生，王先生从初次到店到决定购买，仅用了 3 小时。在此期间，一直是小张服务于客户王先生，王先生对销售顾问很满意；一周后王先生喜提爱车，并经小张介绍，认识了服务顾问小杜，之后的两年里一直是小杜帮助王先生解决各种用车问题。作为一位优秀销售人员，请你分析客户王先生为什么对销售顾问小张和服务顾问小杜一直都很满意？并写一份总结报告。

学习目标

目标名称	目标内容
理论知识	服务场景中服务语言的功能
	服务场景中服务语言的艺术特征

(续)

目标名称	目标内容
理论知识	服务场景中服务语言的分类
	服务场景中服务语言的禁忌
技术能力	能够熟练掌握服务场景中服务语言的艺术特点并能够在服务场景中熟练运用各类服务语言搭配符合商务活动的姿态、动作、沟通技巧等向客户专业地传递服务信息,从而服务于客户
职业素养	培养学生应变能力、逻辑思维能力和判断能力
	培养学生的文化修养、职业精神和工匠精神

语言是人类特有的交流思想的工具。人际交往和谐与否,对人的语言表达能力要求很高。为了达到良好的服务效果,除了具备良好的职业形象、正确恰当地使用沟通礼仪规范外,专业的、礼貌的、得体的语言信息传递也是必不可少的。

汽车商务活动中,销售顾问和服务顾问及其他岗位服务人员会使用各类服务语言向客户传递出服务信息。服务语言不同于演讲语言、授课语言以及一般的人际交往语言,由于彼此所处的角度不同,它又有别于聊天、会谈的语言,它更强调的是对客户的尊重。

一、服务语言的功能

汽车销售商务活动中,销售人员销量任务的完成、业绩的提升、基盘客户的多少;服务顾问的业绩指标完成;经销商的效益;品牌的效益及可持续发展,都与服务人员利用洽谈的服务语言与客户沟通有着密不可分的关系,由此可以看出,服务语言有着强大的功能:

1. 服务语言是一种重要的服务方法

在汽车销售商务活动中,必须要拉近与客户之间的关系,当客户到店,汽车销售服务人员会与客户打招呼:"王先生,您好,感谢您到店,天气很冷,您快里边请,我给您倒杯热饮。"

通过上述服务语言,传递给客户热情周到的服务,那这就是一种服务方法。

2. 服务语言具有提升服务价值的功能

汽车销售或者售后服务场景中,为了让客户感受到服务品质,不仅要给客户提供物有所值的产品,更要给客户提供物超所值的服务,让客户感受到尊贵,比如:"王先生,我们有规定里程内免费的替换车服务,您看需要吗?"这样的服务语言,就是提升服务价值的一种体现。

3. 服务语言具有优质高效的功能

汽车商务服务场景中,涉及专业知识和专业技能,客户对相关方面了解不多,采用专业的方法、通俗巧妙的语言与客户沟通,使客户快速理解和明白产品的功能、性能及使用场景,获得客户认可,提升工作成功率,这就是服务语言优质高效功能的一种体现。

二、服务语言的艺术特征

1. 讲究礼貌

中国的传统文化要求尊老爱幼,这是有礼貌的传承。对家人、朋友、同事需要以礼相待,对客户需要体现尊贵。为此,不仅在服务语言方面讲究礼貌,言谈举止、仪容仪表也都要按礼仪要求,体现礼貌待人、服务至上。

2. 恰到好处

形式上要求恰到好处,讲清楚为止。服务语言的表达不是演讲,只需要服务人员热情、亲切、准确地表达清楚就可以,不宜多说话,让顾客多说,表达出他们的消费意愿和意见。

3. 音量适中

服务情景沟通中,做到有声服务,不能只有鞠躬点头没有问候;只有手势没有语言的配合,那就缺乏声音传递服务的热情,使服务语言冷冰冰。另外,要轻声服务,做到说话轻、走路轻、操作轻,为客人保留一份宁静。

4. 语言规范

汽车商务活动是一种为消费者购车、用车提供服务的行业,为此要求销售岗位人员、服务接待岗位人员及其他岗位服务人员语言规范,说普通话,字正腔圆,方便客户听清楚并理解。

5. 及时周到

客户希望被理解、被尊重、被重视,只要有事情,第一时间做出响应,服务周到,客户的抱怨情绪就很容易化解。

三、服务语言的分类

汽车商务服务活动主要是为消费者提供购车、用车服务,服务活动中使用各类服务语言与客户沟通,目的就是真诚服务于消费者,帮助消费者解决购车、用车过程中的难题,体现用户至上,给客户宾至如归的感觉。服务语言类型多、特征明显,而且有具体话术效仿,具体情况见表6-10。

表6-10 服务语言分类、特征及话术

序号	分类	特征	话术
1	称谓语	与客户初次见面或者迎宾时首先需要采用得体的称谓语,如女士、先生等	"王女士,您好!"
2	问候语	包含先生,您好;早上好;节日快乐;欢迎光临等	"王女士,早上好!"
3	征询语	征询是为了体现对客户的尊重,比如"您好,请问有什么需要帮忙的吗?"	"王女士,您需要我帮忙打印身份证吗?"
4	拒绝语	语言尽量规范而不随意,先理解、再否定,措辞委婉	"王女士,这已经是我们最优惠的活动价格了,您相信小张,您一定会买得物超所值"
5	指示语	语言礼貌,态度友善,手势配合	"王女士,您这边请(伴引领手势),我带您去结账"
6	答谢语	在客户表扬、感谢以及批评时使用答谢语	"非常感谢王女士的表扬信"
7	提醒语	体现对客户的关切之情	"王女士,您明天过来时候记得带身份证和驾驶证"

(续)

序号	分类	特征	话术
8	道歉语	在服务过程中出现纰漏时,使用道歉语容易获得客户谅解	"王女士,非常抱歉,让您久等了"
9	祝贺语	祝福客户生日、晋升、加薪、结婚、生子、寿诞,或者客户开业、周年店庆、获奖	"王女士,祝您生日快乐"
10	告别语	近因效应,也就是服务要善始善终,才能给客户留下美好的印象	"王女士,请您带好随身携带物品,小张送您""王女士,再见(伴手势)"
11	请托语	在日常生活中,出于礼貌,还会用到请托语,以表示尊重。常用的请托语是"请"。另外,还常常使用"拜托""借光""劳驾"等	"王女士,请您在换车检查单上签字"

四、服务语言的禁忌

服务语言要表现出礼貌、亲和、尊重、友好、和善,在汽车商务服务场景中,与客户沟通是一门艺术,要牢记以下禁忌:

1. 忌炫耀

与顾客沟通谈到自己时,要实事求是地介绍自己,稍加赞美即可,得意忘形地自吹自擂和炫耀容易人为地造成与客户间的距离,也可能会引起客户的反感。客户在乎的是服务态度和服务质量。

2. 忌直白

与客户沟通时,如果发现客户认识上有不妥的地方,不要直截了当指出,避免客户难堪。

3. 忌批评

与客户沟通,批评与指责不解决任何问题,反而会招致怨恨与反感。与人交谈要多用感谢词、赞美语。

4. 忌专业术语

向客户展示产品时,专业术语可以突显出职业性,但大多数客户不懂汽车专业,很难理解专业术语,容易引起误解,影响服务效果。

5. 忌独白

与顾客谈话,就是与客户沟通思想的过程,这种沟通是双向的。沟通中要鼓励对方讲话,通过他的表达,了解顾客个人背景信息、购车信息、竞品信息及预算等信息,从而有效推荐产品和服务。

6. 忌冷谈

与顾客谈话,态度一定要热情、真诚,言谈举止都要流露出专业与自信。俗语道:"感人心者,莫先乎情",这种"情"是服务人员的真情实感,只有用自己的真情,才能换来对方的情感共鸣。

7. 忌生硬

汽车商务服务情景中,与顾客说话语言甜美、节奏鲜明、语音纯正、语速适中、语调适当、有张有弛、优雅大方。

汽车商务服务情景服务语言沟通礼仪的实训

1. 准备工作（表6-11）

表6-11　汽车商务服务情景服务语言沟通礼仪的实训准备工作

场地准备	工具准备	课堂布置	教师、学生要求
礼仪训练室1间	4把椅子/组	4人/组，共计4组	着职业装
	4张圆桌/组		
	镜子一面/组		
	车辆1辆/组		

2. 分组活动

学生根据汽车销售商务活动中服务语言沟通礼仪要求和样例，现场进行服务情景服务语言沟通训练，见表6-12。

表6-12　学生现场进行服务情景服务语言沟通训练内容

完成项目	完成项目具体内容
汽车销售情景服务语言沟通话术设计	
汽车售后情景服务语言沟通话术设计	

3. 小组内交流讨论

同学们根据汽车销售商务活动中服务语言沟通礼仪要求和样例，现场进行服务情景服务语言沟通训练及全情景（服务场景可以是"接待、需求分析、新车介绍等"情景）模拟演练，两人一组，直至组内每位成员都演练完毕，过程中其他人担任观察员，记录操作过程中的优点和不足，进行分享，最后每组选出最优的两人代表本组进行汽车商务服务情景语言沟通礼仪展示。

4. 展示评比

四个小组的代表根据汽车销售商务活动中服务语言沟通礼仪要求和样例，进行汽车销售及售后服务情景服务语言沟通模拟演练展示汇报，互相录制视频，展示时间为30min/组。结束后，教师进行评价（表6-13），同时小组内自评、小组间进行互评（表6-14）。

5. 评价表

表6-13　教师评价表

序号	评价标准	完成情况	
		是	否
1	是否符合汽车销售商务活动各岗位特征		
2	是否能应用所学知识完成实训操作任务		
3	运用服务情景服务语言沟通达到的效果		
4	完成任务质量（模拟演练）高，并且效果好		

表 6-14 小组内自评、小组间互评表

序号	评价标准	分值	得分
1	能够主动为完成任务进行资料查找、录制视频	30	
2	能够根据所学知识，理解并掌握服务语言沟通礼仪的要点及话术	20	
3	能够熟练掌握服务场景服务语言搭配商务礼仪行为的操作要领，并进行实操训练提升，符合汽车销售与服务岗位的特征	30	
4	能够熟练进行服务语言沟通礼仪的展示，并能够指导其他同学进行训练提升	20	
合计得分			

单元三　汽车商务服务情景专业技术语言沟通礼仪

客户王先生来到长春市某奥迪 4S 店，想要购买一台奥迪 A6L，销售顾问小张接待了王先生。王先生对汽车专业知识一窍不通，小张使用专业术语将自己学到的关于新技术装备特征和性能等讲给王先生，听得王先生一头雾水。请你以一位成功销售人员的身份帮助小张设计一份给王先生进行新车介绍的方案。

目标名称	目标内容
理论知识	服务场景中专业技术语言沟通原则
	服务场景中专业技术语言沟通礼仪
技术能力	能够熟练掌握服务场景中专业技术语言内容，配合服务语言和行为语言礼仪，成功与客户沟通，成功履行服务场景内岗位职责
职业素养	培养学生动手操作能力、认知能力和社会能力
	培养学生的文化修养、职业精神和工匠精神

汽车商务服务情景中，站在客户角度既要考虑客户对产品的感性需求（备受尊重、备受理解和备受重视的心理需求），还要满足客户对产品的理性需求。前者可以通过服务语言沟通来尽可能满足，后者就要借助于与专业技术语言来沟通，两者相互融合，才能实现销售职业愿景。本学习单元主要和大家共同探讨汽车商务服务场景中专业技术语言沟通礼仪。

一、汽车商务服务情景专业技术语言沟通原则

1. 通俗性

汽车商务活动服务场景主要包括汽车销售和售后服务接待，在与客户沟通任何问题，都

要用通俗语言表达专业技术问题，这样符合日常人与人之间沟通需求，让客户容易听懂、理解并接受。

2. 简洁性

专业技术语言的沟通遵循简洁性原则，要求销售服务人员具备较强的逻辑思维能力和语言组织能力，既要思路清晰，又要言之有序。保证言简意赅，达到沟通效果。

3. 比喻性

"打比喻"俗称"打比方"，有些新技术带给客户的使用性能，很难被没有专业技术功底的客户理解其使用好处，为了让客户理解，销售服务人员常常会使用"打比喻"的方式，描述装备给客户带来的利益。

4. 利益性

汽车商务服务场景活动，最重要的就是满足客户对购车、用车时利益的需求，客户更多关注任何花费能给自己带来多大好处，为此服务人员在沟通中要更多地使用能够体现该方面需求的利益性语言，如使用 FAB 方法进行介绍（图 6-5）。

5. 特定性

这里以新车销售为例。汽车产品是技术装备极为复杂性的产品，拥有上万件金属元件，所以汽车价格高，属于昂贵奢侈品范畴。那么客户衡量购买标准时，关注产品某些技术装备能给他带来的利益需求，比如某一消费者特定的需求就是追求豪华型，那作为销售人员，在与客户进行沟通时，就要使用专业技术语言与客户沟通能够体现豪华性的装备，来满足特定客户的特点需求（图 6-6）。

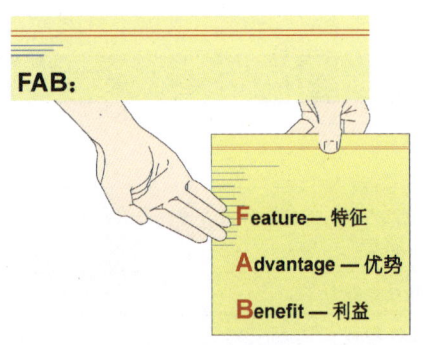

图 6-5　沟通语言利益性

图 6-6　沟通语言特定性

二、汽车商务服务情景专业技术语言沟通礼仪

汽车商务服务情景分为两个：一个是新车销售；另一个是售后服务接待。每个情景与客户沟通的专业技术语言有着明显的区别。

1. 汽车商务新车销售专业技术语言沟通礼仪

（1）新车销售流程介绍　汽车销售人员在面对不断变化的销售工作时，始终应该遵循一条销售主线，这里以奥迪品牌（图 6-7）为例，这条主线包括以下环节：初次接触—需求分析—新车展示—试乘试驾—提案成交—交车—现实客户跟踪—潜在客户跟踪。通过使用专业技术语言与客户沟通，执行上述流程，来提高品牌销售成功率，提升品牌形象。

学习领域六　汽车商务沟通礼仪

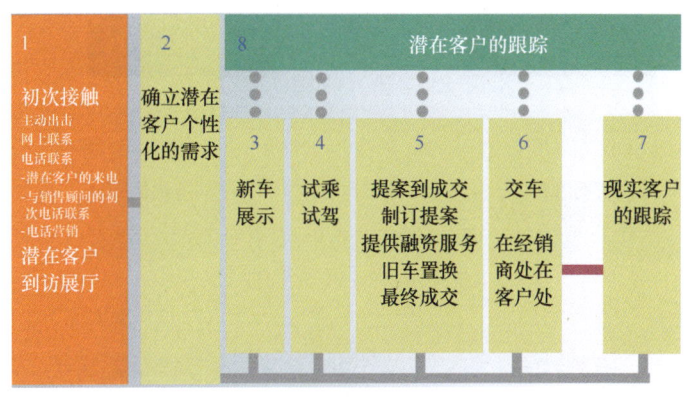

图 6-7　奥迪品牌销售流程图

(2) 新车销售各环节专业技术语言沟通

1) 初次接触。初次接触的形式有主动出击、网上联系、电话联系、展厅到访四种。对于专业技术考核点，主要针对电话联系和展厅到访。在与客户电话沟通时候涉及的专业技术沟通流程及语言分为主动拨打电话和被动接听电话两种，前者如图 6-8 所示。

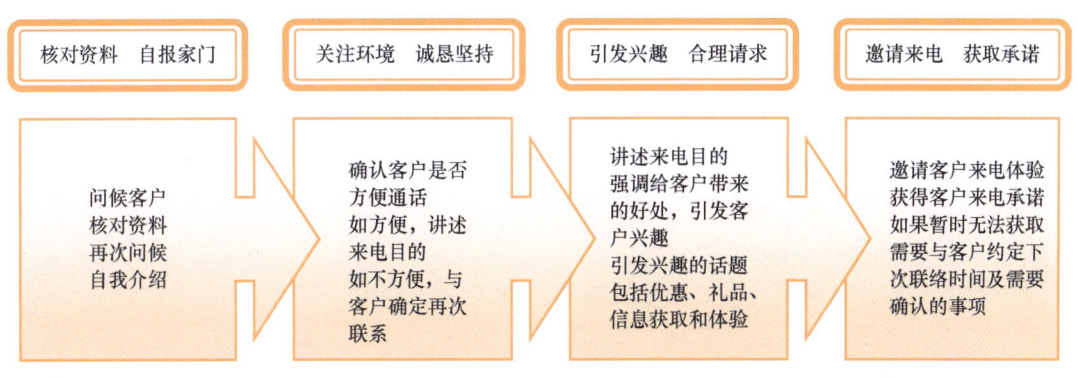

图 6-8　主动电话联系的专业技术语言沟通

后者则是被动接听客户来电，沟通的专业技术语言如图 6-9（流程）和图 6-10（内容）所示。

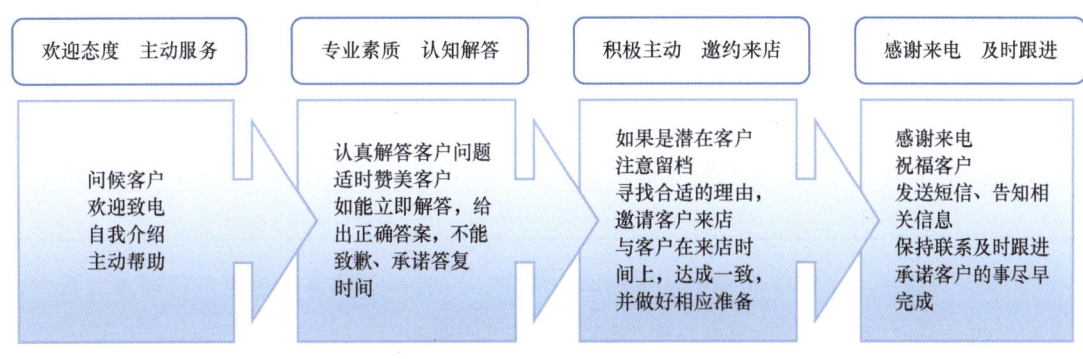

图 6-9　被动接听客户来电语言沟通

汽车销售人员与客户进行专业技术语言沟通时从两方面着手：

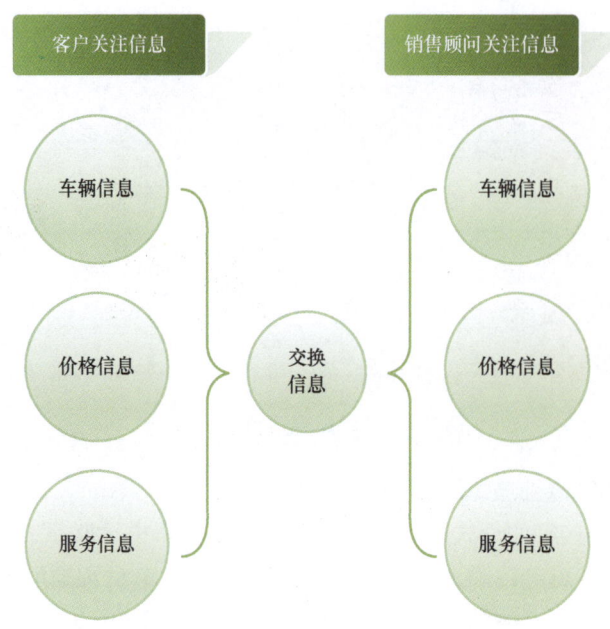

图 6-10　被动接听客户来电专业技术语言沟通

第一，客户关注的信息：
车辆信息：车型配置、车型比对、车辆性能、资源状况。
价格信息：当期优惠、讨价还价能不能便宜、竞品价格比对。
活动信息：优惠政策、服务内容、相关手续。
第二，销售顾问关注信息：
客户信息：姓氏、联系方式、来电目的。
购买信息：看车进度、购车意向、车型选择。
活动信息：支付方式、价格取向、二手车置换。

2）到店接待。客户到店接待涉及三个岗位服务人员，分别是门卫、前台接待、销售顾问。沟通的专业技术语言见表 6-15。

表 6-15　到店接待专业技术语言

序号	岗位	专业技术语言
1	门卫	询问客户来访目的，引导并协助客户停车，通知展厅接待有客到访
2	前台接待	问候询问姓名；询问客户来访意图；询问是否有预约；引导客户休息区落座，提供三种免费饮品；通知或者安排销售顾问接待；留下来访者联系方式
3	销售顾问	问候来访者，自我介绍，引导客户在休息区进行需求分析

3）需求分析。汽车商务活动中，了解客户需求，一般是引导客户落座进行需求分析，这样能更全面、双方能够更专注地进行需求信息交换与沟通。
该环节专业技术语言沟通礼仪要点：
第一，个人背景信息沟通。
主要沟通姓名、家庭地址、电话、驾驶人、主要用途、兴趣和业余爱好、职业、信息来源、何时购买、决定者。

第二，现在用车信息沟通。

主要沟通现在用车的品牌、型号、车龄、里程、每年行驶距离、喜欢的理由、不喜欢的理由、换车的理由、突出的费用、车辆服务史等。

第三，新车信息沟通。

主要沟通新车计划每年行驶里程、用途、参数选择、要表现的特征、对比车型、首选的附加装备、购车时间等。

第四，预算信息沟通。

主要包括现在的支付能力、计划用于购车的资金、首选的财务方式、告知客户能够提供手续便捷的一站式金融服务，可以选择多种购车方式、是否置换、推介二手车评估业务等。

第五，总结推荐车型。

该环节总结客户需求特点、推荐车型要符合客户预算、至少满足三个需求点、重点需求得到客户确认并引导客户看展车。

该环节专业技术语言沟通礼仪操作要领：

第一，使用QAQ技巧。

QAQ主要是提问（Question）—回答（Answer）—提问（Question），后边提问的问题要和前面提问的问题相关，找到关键专业技术语言信息点，至少要问出2~3个回合，伴随其中要有赞美。这样做的好处是，需求分析环节专业技术语言较多，问多了QA—QA的形式，气氛沉闷严肃，不利于沟通信息收集。

第二，"提问"技巧。

提问的问题有开放式和封闭式两种类型，收集信息时候要进行"开放式问题"（图6-11）的沟通，总结推荐车型时要进行"封闭式问题"的沟通，得到准确信息。

第三，"倾听和赞美"技巧。

与客户需求分析专业技术语言沟通，认真倾听能给客户备受重视与尊重的感觉；恰当的赞美能让客户感受到真诚、细心和认可，客户就愿意表达，利于收集全面客户信息。

4）新车展示。不同品牌新车方法不同，每个品牌都有自己独特的地方，也可以根据客户到店情况灵活处理，下面以奥迪品牌"六方位"（图6-12）新车展示方法，进行新车展示沟通礼仪介绍。

图6-11　开放式问题沟通特征

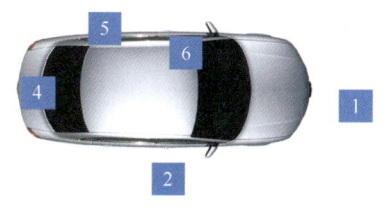

图6-12　奥迪品牌"六方位"新车展示法

新车展示环节涉及的专业技术语言沟通礼仪要点见表6-16。

表 6-16　新车介绍专业技术语言要点

序号	介绍方位	专业技术语言
1	正前方及发动机舱	品牌理念、风窗玻璃、发动机舱盖流线、LOGO、前脸家族脸谱、前照灯…… 发动机型号、数据、性能、作用、给客户带来的利益、竞品对比……
2	侧方	简洁动感的侧面设计、轻质高强度悬架、安全技术、激光焊接、轻量化车身、外后视镜、轮胎、轮毂……
3	侧后方	全车尺寸、全车外形、运动元素……
4	后方	宽大稳重的尾部设计、方便使用的行李舱、行李舱挡沿硬度、行李舱空间、随车工具、备胎（全尺寸、非全尺寸）……
5	后排	后排空间、空调出风口、中央扶手、遮阳帘、儿童安全锁……
6	驾驶室	KESSY 无钥匙进入、以驾驶人为中心的内部设计、MMI 多媒体系统、发动机起停、自动驻车 仪表盘、空调、环保理念……

新车展示环节涉及的专业技术语言沟通礼仪操作要领：

第一，掌握"六方位绕车"法。

汽车商务活动中，销售人员工作状态体现其形象和专业性，也是经销商形象和品牌形象的代表，所以按照顺时针方向进行"六方位"展示，可以提升客户对销售服务人员的认可度，也可以增强对经销商和品牌的信任。

第二，使用"QFABQ"。

QFABQ 指的是 Q（Question）——封闭式的场景问题；F（Feature）——特征、事实、数据；A（Advantage）——优势、好处、利益；B（Benefit）——利益；Q（Question）——封闭式的询问问题。

不同的客户，需求特点不一，都有自己特定需求状况，展示产品利益必须让客户感知某装备或者汽车产品特征符合客户的用车环境。只有满足特定客户的特点需求，客户购车后的满意度才有可能转变为忠诚度。

第三，使用"封闭式问题"。

该环节多问"您看这样的技术是不是满足您对安全性的需求？"这样的封闭式问题，目的让客户回答"是"，人的心理特征是，当你一直被引导回答是肯定的"是"的状态，超过回答六次"是"，之后再问其他问题，客户的思维第一反应还是"是"，这样有利于后续询问客户对车的认可度，有利于谈判成交。

第四，引导客户"互动参与。

该环节避免一言堂，调动客户感官"味觉、视觉、听觉、嗅觉、触觉"（图 6-13），引导客户参与展示环节，感受不同优势，例如"张先生，您喜欢

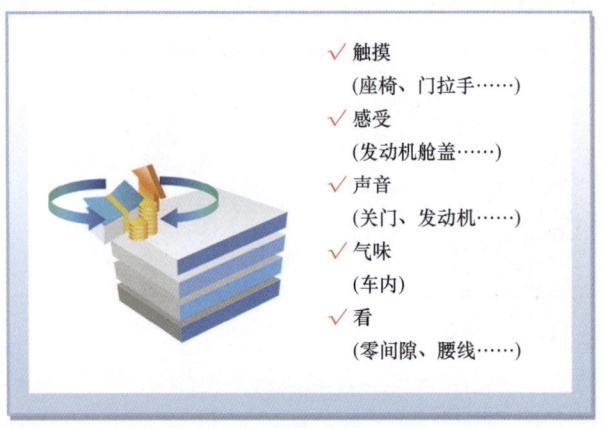

图 6-13　引导互动参与沟通感受车辆优势

听音乐，该款车的音响为丹麦的丹拿音响，12个扬声器立体环绕，可随车速提升或者降低自动调整音量大小，听起来如置身家庭影院，您听一下？"客户就会在引导下去听，这就是互动参与。

5）试乘试驾。通过试乘试驾（图6-14）来印证客户需求利益，可以提升客户满意度，促进销售成功。

图6-14　试乘试驾展示

该环节涉及的专业技术语言沟通礼仪要点如图6-15所示。

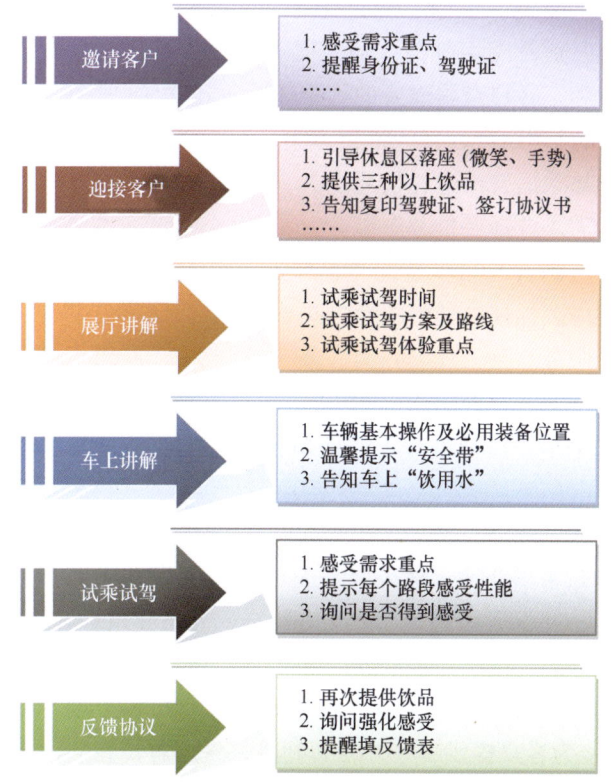

图6-15　试乘试驾专业技术语言沟通要点

该环节专业技术语言沟通礼仪操作要领：
第一，使用"FAB"建立客户价值。
建立客户价值，得到客户对产品和经销商等方面的认可，促进销售成功。建立价值的方法为FAB，具体建立价值话术见表6-17。

表 6-17 FAB 建立客户价值

路段	体验项目	建立价值		
		F	A	B
直线路段	制动性保持	本车采用浮动式制动钳以及多连杆的悬架系统	能保证左右轮的制动片和制动盘间隙始终一样,同时稳定的多连杆悬架系统保证车辆大力制动时底盘系统不会剧烈变形	所以制动时车辆不跑偏,保证车辆的稳定性,提高了行驶安全性
		本车采用 EBD,也就是电子制动力分配系统	能够在制动时自动计算所需要的制动力	
	防抱死制动效能	ABS 也叫作防抱死制动系统	车辆紧急制动时,防抱死制动系统会采用点刹的形式,来防止车轮抱死,使车辆在制动时仍然处在可控的状态下	在车辆发生危险的瞬间,保证车辆的安全性

第二,寻求认同。

试乘试驾每一个路段,结合客户需求,销售人员提前告知客户感受什么,会有哪些感受,接下来让客户体验,体验后进行封闭式问题验证,得到客户认同的结果。

第三,运用"微笑、赞美、手势"营造氛围。

在试乘试驾过程中,适时应用赞美技巧、展现亲和力技巧,搭配手势的合理运用等,营造愉悦放松的氛围,有利于客户获得想要的驾乘体验。

6)提案成交。试乘试驾结束,进入提供方案环节。

该环节涉及的专业技术语言沟通礼仪要点:

第一,确认客户的需求选择并推荐车型。

该环节要和客户再次确认产品车型,并解释推荐该车型的原因,如客户有疑问,要耐心解答,帮助客户消除疑虑,抓住合适的机会推进成交。

第二,推荐二手车服务。

此时销售人员要主动向客户介绍汽车 4S 店二手车置换优惠政策,询问客户置换与否。如果需要,向客户推荐二手车评估师进行车辆评估,并给出评估价格,作为购买新车的一部分资金。

第三,推荐贷款服务。

不管客户是否进行二手车置换,销售服务人员都应该主动向客户推荐贷款服务,告诉客户贷款优惠政策及好处,并根据客户实际情况进行贷款方案介绍。

第四,推荐保险服务。

客户购车后都需要有一份安全的保障,此环节要主动向客户推荐新车保险,告诉客户在汽车 4S 店保险的好处,为客户提供哪些方便和利益,说服客户在店内上保险。

第五,推荐精品附件。

此环节需要进行产品确认,其中,也包括根据客户需求合理推荐的精品及附件,这也是汽车 4S 店增值服务的一个渠道。

第六,解释方案报价。

在完成上述工作要点后,销售服务人员要制作并打印报价单,向客户解释本次购车的价格组成。客户认同,进入洽谈环节,否则客户会离店,此时切记一定要热情送别客户离店,而后进行后续跟进。

该环节专业技术语言沟通礼仪操作要领：

第一，结合"新车展示"和"试乘试驾"客户感受引导客户对车型认可。

在"新车展示"和"试乘试驾"环节，询问客户的那些"封闭式问题"，目的就是寻求客户的认同和认可，客户回答"是"，就表示肯定，此时销售服务人员要学会利用需求方分析环节获取的信息。

第二，"同理心"换位思考，获得客户认同。

保险、贷款、精品等汽车金融业务推荐，要符合客户个人背景、需求重点、用车环境等，站在客户角度考虑问题，真诚为客户着想，顺理成章得到认可。

7）交车。交车环节客户激动开心，对客户来说这是拥有自己爱车的开始，该环节要极力创造感动，提升客户体验，为新车销售做好铺垫。

交车环节涉及的专业技术语言沟通礼仪要点如图 6-16 所示。

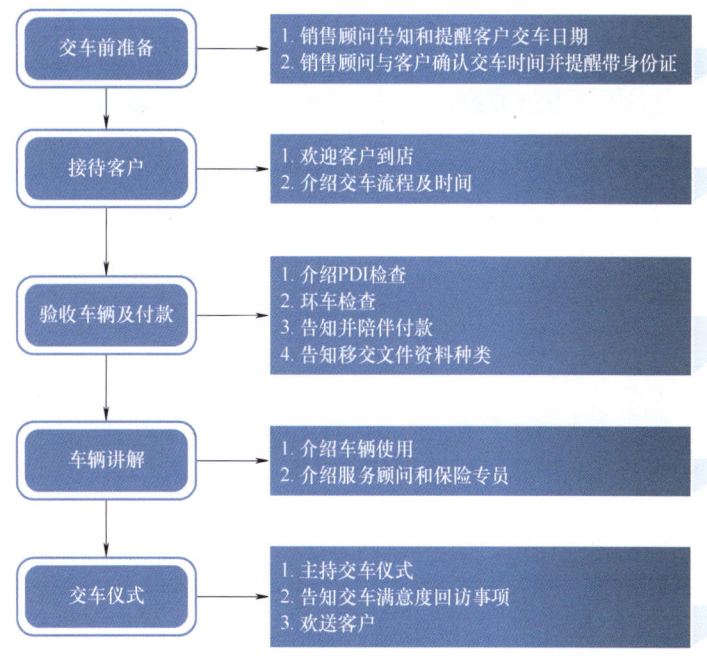

图 6-16　车辆交付流程中专业技术语言要点

交车环节涉及的专业技术语言沟通礼仪操作要领：

第一，营造客户"喜提爱车"氛围并热情欢迎客户到店。

为客户营造"喜提爱车"的氛围，如播放欢快音乐、展厅门口置彩板"欢迎××先生/女士交车仪式"，面对微笑+称谓语，欢迎客户。

第二，设计完美的交车仪式。

设计充满喜悦的专属的交车仪式（图 6-17）会给顾客营造出一种良好的氛围，表达经销商对顾客的尊重和重视。

第三，创造意外的惊喜和感动。

最好准备个性化的小礼品（图 6-18），给客户创造意外的惊喜和感动，增强客户对销售人员和经销商的厚爱和认可。

图 6-17　红旗体验中心完美的交车仪式　　　　图 6-18　个性化的小礼品

8）客户跟踪。交车后保持联系，能够让客户持续感受被关注，同时也可以在客户有任何问题的时候及时响应，提升客户满意度。

跟踪环节涉及的专业技术语言沟通礼仪要点见表 6-18。

表 6-18　跟踪环节专业技术语言沟通礼仪要点

序号	跟踪次数	专业技术语言
1	第一次（交车后 48h）	用电话、短信和微信等方式，感谢客户成为本品牌尊贵车主，告知客户用车有事可以随时联系的服务人员，有任何用车问题随时提供帮助
2	第二次（交车后 3~7 天）	询问客户的用车感受，关注始终如一
3	第三次（交车后 7~15 天）	询问用户的满意度，核算首保时间，进行首保提醒，告知顾客售后服务预约的价值与优惠

跟踪环节涉及的专业技术语言沟通礼仪操作要领：

第一，跟踪回访，征得客户同意。

为了避免客户感觉被打扰，为此交车环节要提前与客户询问相关事宜，确认何时沟通较为方便，或者根据与客户长期接触中，在客户的休息时间来沟通。

第二，温馨提示与问候祝福（表 6-19）。

表 6-19　跟踪理由和专业技术语言

序号	跟踪理由	专业技术语言
1	关怀式维系	生日祝福、车辆使用如季节年检提醒、天气变化温馨提示等
2	利益式维系	优惠政策、活动提醒、新车型投放等
3	业务式维系	续保提醒、维护提醒等

2. 汽车商务售后服务接待专业技术语言沟通礼仪

（1）**售后服务接待流程介绍**　全新的服务战略——温暖、高效、个性、专属、数字化。以奥迪售后服务为例，奥迪的服务理念不仅让用户感到满意，更要令用户愉悦，这是奥迪人的使命，让奥迪用户感受人、车、社会、生活全方位的服务体验。秉持用户导向、奥迪经销商导向及奥迪品牌要求的服务核心流程如图 6-19 所示。

（2）**售后服务接待各环节专业技术语言沟通礼仪**　服务顾问严格执行流程标准、灵活开

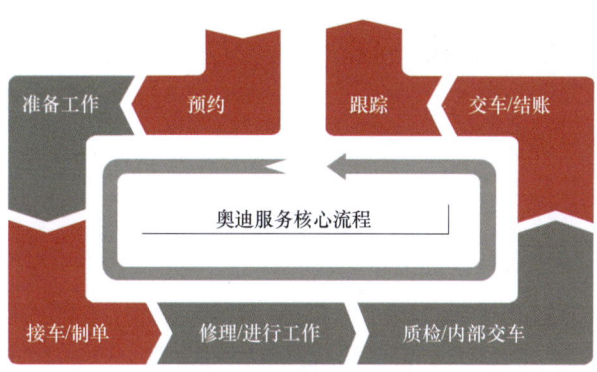

图 6-19 奥迪服务核心流程

展工作、提升工作效率,关注每一位客户的需求,提供专属服务,持续维持用户忠诚度,用行动温暖每一位奥迪用户。流程中服务接待人员与客户沟通较多的部分为预约、接车/制单、交车/结账、跟踪。

1)预约。预约环节服务接待人员要记录用户及车辆的重要信息,提前获得维修维护需求;对服务能力合理规划,合理引导入场客流;根据用户需求提供定制化服务,确保维护时间和服务顾问等。

该环节专业技术语言沟通礼仪要点如图 6-20 所示。

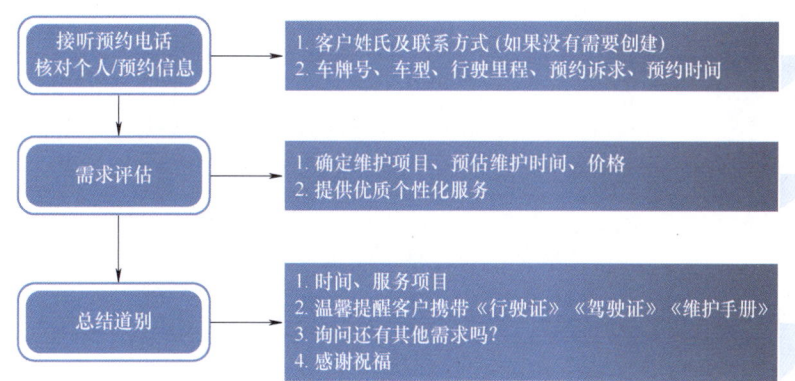

图 6-20 预约环节专业技术语言沟通礼仪要点

专业技术语言沟通礼仪操作要领:

第一,微笑的表情、甜美的声音与客户电话沟通预约事宜。

第二,电话铃响不能超过三声,用户等待不超过三秒;如果是互联网预约、网站及数字服务预约,保证有人在线及时回复。

第三,提供客流量小的时间段,让客户根据个人情况进行选择,避免客户因在店等待时间长产生抱怨。

第四,根据维护项目,提前告知客户维护预估价位、时间及联系人,并根据客户需求提供优质个性化服务。

2)准备工作。准备工作可以展现经销商的服务能力,提高整个服务核心流程的执行效率,进而减少用户的等待时间。

该环节专业技术语言沟通礼仪要点：

该环节的礼仪要点主要就是与客户沟通特殊情况，及时调整预约安排，以保证店内资源的利用率最大化。另外，如果服务顾问通过 DMS 系统或者维修记录夹发现预约信息有误，要及时与客服顾问或者客户进行核对。

专业技术语言沟通礼仪操作要领：

服务顾问要对出现的特殊情况尽早与客户沟通，保证客户调整自己的事项安排计划。针对客户信息，服务顾问要仔细核对，确保正确。

3）接车/制单。接车过程中不仅要对车辆进行检查，同时也要在基础接待标准上考虑每位用户的个性化要求。接车的结果是为车间制订清楚明确的"任务委托书"，确保经销商工作流程的高效，更重要的是可以获得用户对经销商员工工作的理解和认可，从而对经销商产生信任。

该环节专业技术语言沟通礼仪要点如图 6-21 所示。

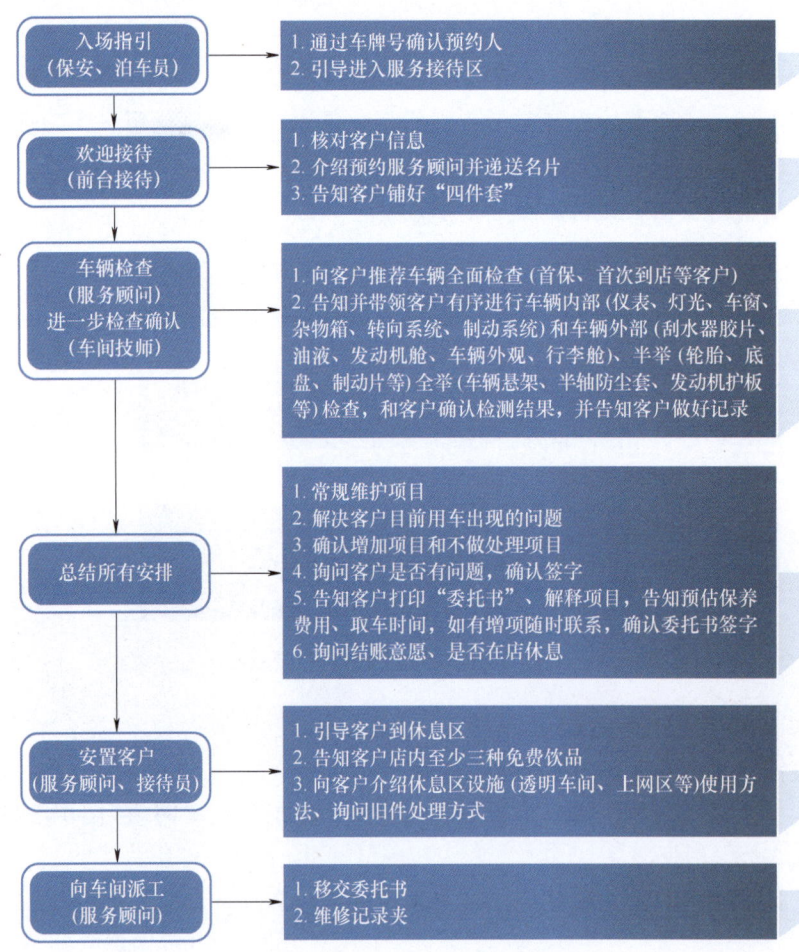

图 6-21 接车/制单环节专业技术语言沟通礼仪要点

专业技术语言沟通礼仪操作要领：

第一，经销商对于接车停车位紧张或者驾驶技术有限的车主，提供代客泊车服务。

第二，根据用户需求，提供热情周到的服务（夏天进门送冷饮、冬天进门送热饮）。

第三，注意安抚非预约客户情绪。

非预约客户需要根据用户需求和服务顾问忙闲程度安排合适的服务顾问，注意安抚客户情绪。

第四，全面检查私密空间需征得客户同意（杂物箱、行李舱等）。

第五，告知客户免费提供的服务项目（免费添加专用清洗液）。

第六，检查过程中，任何动作行为都要提醒客户注意安全"您小心"。

第七，赞美客户、签字递送笔的时候注意商务礼仪。

第八，服务顾问询问客户结账意愿，确保解释完结算单和付款完成直接取车，无须等待。

4）修理/进行工作。准确地确认用户服务类型和车辆维修类型，进行及时准确的分派，完整、高效地完成所有任务委托书中指定的任务。对任何计划的改变及时得到内部各方的协调沟通，以明确接下来的步骤，并确保维修工作不停滞，仔细记录工作完成状态，确保工作交接清晰。

该环节专业技术语言沟通礼仪要点：

服务顾问与客户沟通维修增项和与约定不符的情况，并告知如果增项的费用及交车时间变化；根据用户反馈对增项进行处理。

专业技术语言沟通礼仪操作要领：

第一，服务顾问需要与客户沟通"技师依据检查车辆状态建议用户应该改变用车习惯的意见"。

第二，详细说明维修增项必要性和原因，强调处理后对驾驶感受和性能的提升，赢得客户同意。

第三，客户休息区等待，接待员关注细节，主动向用户提供服务（图6-22），感受经销商服务的温暖。

图 6-22　关注细节主动提供服务

5）质检/内部交车。质检包括对已完成的服务工作进行自检、互检和终检，并反复核对用户任务委托书的完成情况；一旦完成了维修任务，就要进行质检和洗车，为向用户提供高效的交车过程做好准备。

该环节专业技术语言沟通礼仪要点：

第一，服务顾问关注车辆的所有问题得到解决，保证服务质量，为交车结账环节的顺利做好全部准备。

第二,服务顾问关注客户车辆高效、保质地完成清洗,节省用户时间,提高用户的体验度。

专业技术语言沟通礼仪操作要领:

第一,持续关怀客户在休息区一直能够享受到周到的服务,比如询问客户是否需要续杯(图6-23)。

第二,服务顾问整理维修文档,确保车辆按规定完成各项工作,保证用户结账前完成车辆清洗,客户结账后能够直接开走车辆无须等待,提供忠诚度。

6)交车/结账。交车时向用户沟通工作结果,并为用户详尽解释,结算单商议的安排百分百得到完成,会不断地增强用户的信任感,并使良好的服务经历更加完美。

图6-23 持续关怀客户

该环节专业技术语言沟通礼仪要点:

第一,依客户需求,服务顾问在洗车时通知客户结账(确保维修项目和付款金额准确)。

第二,服务顾问向客户解释服务总费用及项目费用明细,包括工时费;询问是否有其他需求。

第三,引导告知客户结账单签字。

第四,服务顾问询问客户结账方式:现金、刷卡或手机转账。

第五,服务顾问带客户验车、交车(根据客户需求可验车后结账,也可结账后验车)。

第六,服务顾问与客户沟通3天或者7天回访,询问客户回访的方式、时间,并做好记录。

专业技术语言沟通礼仪操作要领:

第一,服务顾问解释费用时,要询问客户是否需要进行其他项目的解释,以示对客户的尊重和重视。

第二,账目解释注意手势礼仪(图6-24),签字注意递送礼仪(图6-25)。

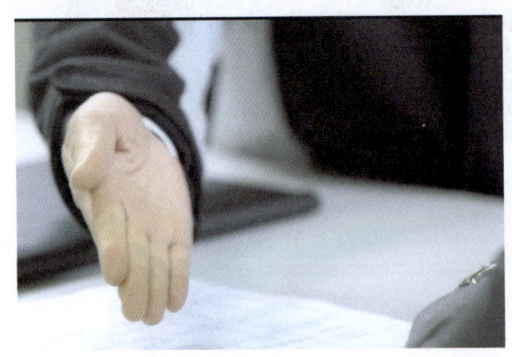

图6-24 解释手势礼仪

图6-25 签字递笔礼仪

第三,服务顾问协助客户结账,收银员要保持热情友好态度、规范的行为(图6-26)进行工作,双手接现金或者银行卡(图6-27);友好地提示客户输入密码,用户输入密码时,服务顾问和收银员应将脸转向旁侧(图6-28)。

图6-26 收银员规范的工作行为

图6-27 收银员双手接银行卡

第四,目送客户离开(图6-29)。

图6-28 服务顾问和收银员脸转向旁侧(用户输入密码)

图6-29 目送客户离开

7)跟踪。跟踪表明奥迪经销商重视客户感受和服务承诺的机会,也是获得客户建议的重要渠道,进而提升奥迪品牌服务质量。如果客户反馈的建议能够得到实现,将会带给客户惊喜,从而建立起客户对奥迪经销商的信任。

该环节专业技术语言沟通礼仪要点:

第一,回访专员回访客户维修维护后的情况。

第二,回访专员询问到店服务的满意度情况。

第三,回访专员询问还有什么改进意见。

第四,回访结束,回访员与客户道别。

专业技术语言沟通礼仪操作要领:

第一,按照提前约好的时间和方式进行回访。

第二,回访的问题要精炼。

第三,回访时,客户对经销商的肯定,回访人员要及时表示感谢。

第四,回访人员要热情、专业、耐心。

热情、专业、耐心与客户交流,避免机械式的交流。

汽车商务服务情景专业技术语言沟通礼仪的实训

1. 准备工作（表6-20）

表6-20　汽车商务服务情景专业技术语言沟通礼仪的实训准备工作

场地准备	工具准备	课堂布置	教师、学生要求
礼仪训练室1间	4把椅子/组	4人/组，共计4组	着职业装
	4张圆桌/组		
	镜子一面/组		
	车辆1辆/组		

2. 分组活动

学生根据汽车销售商务活动中服务情景专业技术语言沟通礼仪要点和操作要领，现场进行服务情景沟通训练，见表6-21。

表6-21　学生现场进行服务情景沟通训练内容

完成项目	完成项目具体内容
汽车销售中新车销售专业技术语言沟通话术设计	
汽车售后服务接待情景专业技术语言沟通话术设计	

3. 小组内交流讨论

同学们根据汽车销售商务活动中服务情景专业技术语言沟通礼仪要点和操作要领，现场进行服务情景专业技术语言沟通训练模拟演练，两人一组，直至组内每位成员都演练完毕，过程中其他人担任观察员，记录操作过程中的优点和不足，进行分享，最后每组选出最优的两人代表本组进行汽车商务服务情景语言沟通礼仪展示。

4. 展示评比

四个小组的代表根据汽车销售商务活动中专业技术语言沟通礼仪要求和样例，进行汽车销售及售后服务两个情景专业技术语言沟通模拟演练展示汇报，互相录制视频，展示时间为50分钟/组。结束后，教师进行评价（表6-22），同时小组内自评、小组间进行互评（表6-23）。

5. 评价表

表6-22　教师评价表

序号	评价标准	完成情况	
		是	否
1	是否符合汽车销售商务活动各岗位特征		
2	是否能应用所学知识完成实训操作任务		

(续)

序号	评价标准	完成情况	
		是	否
3	运用服务情景专业技术语言沟通礼仪要点和操作要领进行训练,并达到良好效果		
4	完成任务质量(模拟演练)高,且效果好		

表 6-23　小组内自评、小组间互评表

序号	评价标准	分值	得分
1	能够主动为完成任务进行资料查找、录制视频	30	
2	能够根据所学知识,理解并掌握服务情景专业技术语言沟通礼仪的要点及话术要领	20	
3	能够熟练掌握服务情景专业技术语言沟通礼仪行为的操作要领,并进行实操模拟演练提升,符合汽车销售与服务岗位的特征	30	
4	能够熟练进行服务情景专业技术语言沟通礼仪的展示,并能够指导其他同学进行训练提升	20	
合计得分			

1. 沟通概述
2. 沟通技巧
3. 沟通种类
4. 服务场景中服务语言的功能
5. 服务场景中服务语言的艺术
6. 服务场景中服务语言的种类
7. 服务场景中服务语言的禁忌
8. 服务场景中专业技术语言沟通原则
9. 服务场景中专业技术语言沟通礼仪

一、填空题

1. 汽车销售商务活动沟通的基本原则_____、_____、_____。
2. 汽车销售商务活动中有效的沟通技巧主要包括_____和_____。
3. 面对面沟通要素_____、_____、_____、_____。
4. 电话沟通的形式包括_____、_____、_____、_____。
5. 接听客户来电要求做到_____。
6. 代接电话的原则_____。
7. 汽车商务活动中服务语言的功能主要有_____、_____、_____。

8. 服务语言的艺术特征有_____、_____、_____、_____、_____。

9. 汽车商务服务情景专业技术语言沟通原则_____、_____、_____、_____、_____。

10. 汽车商务服务情景之一为新车销售，其流程八大环节为_____、_____、_____、_____、_____、_____、_____、_____。

二、选择题

1. 沟通中的"三 A 原则"是指（　　）。
   A. 接受别人　　　　B. 重视别人　　　　C. 赞美别人　　　　D. 感激别人

2. 下列属于面对面沟通礼仪要素的是（　　）。
   A. 沟通态度　　　　B. 沟通语言　　　　C. 沟通内容　　　　D. 沟通形式

3. 电话沟通礼仪要求做到（　　）。
   A. 响铃四声内拿起电话　　　　　　　　B. 右手接听电话
   C. 端正坐姿　　　　　　　　　　　　　D. 说话后就放下电话

4. 下列描述服务语言功能不正确的是（　　）。
   A. 服务语言是一种重要的服务方法
   B. 服务语言具有提升服务价值的功能
   C. 服务语言具有优质高效的功能
   D. 服务语言具有提升获取利益的功能

5. 服务语言具有（　　）艺术特征。
   A. 讲究礼貌　　　　B. 音量适中　　　　C. 语言规范　　　　D. 及时周到

6. 下列不属于服务语言禁忌的是（　　）。
   A. 炫耀　　　　　　B. 直白　　　　　　C. 赞美　　　　　　D. 生硬

7. 下列不属于汽车商务服务情景专业技术语言沟通原则的是（　　）。
   A. 专业性　　　　　B. 通俗性　　　　　C. 利益性　　　　　D. 特定性

8. 汽车销售服务场景中了解客户需求的专业技术语言包括（　　）。
   A. 个人背景信息　　B. 现在用车信息　　C. 新车信息　　　　D. 预算信息

9. 下列（　　）属于汽车销售服务场景中车辆展示环节专业技术语言沟通礼仪操作要领。
   A. "六方位"绕车法　　　　　　　　　　B. 使用"QFABQ"
   C. 引导客户"互动参与"　　　　　　　　D. 使用"封闭式问题"

10. 下列（　　）不是汽车服务售后服务接待场景中回访专业技术语言沟通要领。
    A. 按照习惯的方式进行回访
    B. 回访的问题要精炼
    C. 回访时，客户对经销商的肯定，回访人员要及时表示感谢
    D. 回访人员要热情、专业、耐心

三、简答题

1. 简述沟通基本原则。
2. 阐述有效沟通的技巧。
3. 简述沟通的形式及各种沟通形式的礼仪操作要领。

4. 简述汽车商务顾问场景中服务语言的功能。
5. 简述汽车商务服务场景中服务语言的艺术特征。
6. 简述汽车商务服务场景中服务语言的种类、特征及话术要求。
7. 简述汽车商务服务场景中服务语言的禁忌内容。
8. 阐述汽车商务服务场景中专业技术语言沟通原则。
9. 详细阐述汽车商务服务场景中汽车销售业务各环节专业技术语言沟通礼仪要求。
10. 详细阐述汽车商务服务场景中汽车售后服务接待业务各环节专业技术语言沟通礼仪要求。

参 考 文 献

[1] 王玉苓. 商务礼仪［M］. 北京：人民邮电出版社有限公司，2014.
[2] 孟晋霞. 汽车商务礼仪［M］. 2版. 北京：清华大学出版社有限公司，2019.
[3] 杜巍. 职业礼仪与形象设计［M］. 北京：北京理工大学出版社有限责任公司，2019.
[4] 姚飞. 汽车商务礼仪［M］. 2版. 北京：北京理工大学出版社有限责任公司，2020.